行動化學館

五南圖書出版公司 印行

化學反應

陳大為、王昊、許威、王翰 著

推薦序

師大附中　林家恩同學

很幸運能在國中被王昊老師教到，太陽教育集團的老師都是很負責的老師，講義編得很詳細，條理分明而且淺顯易懂，只要讀完講義，就能掌握重點；每當我們有不了解的地方，總是很有耐心的教導，直到完全理解爲止。另外，和同學們有良好的互動，也很受大家歡迎，具備了好老師應該有的特質。我想在這本書中，不僅可以打好國中理化的基礎，還可以學習到很多課外的知識，很值得推薦。不論對物理化學有沒有興趣，都不妨參考看看，絕對會讓你獲益匪淺。

武陵高中，張雅婷同學

背背背，寫寫寫，化學只靠自己死背硬寫是沒有用的，通常我們在寫題目的時候都習慣把科學和實際生活給分開，卻忘了沒有科學就沒有我們現在的生活！還記得當初在上老師的化學課時，老師是用日常生活例子帶我們走進了化學的世界，還實際體驗如何鍍銀，培養我們的理解式學習，本書也不脫他平時的上課風格，字句中帶著他詼諧幽默的個性，在教完每個概念後面都會附加幾個題目，使同學們能夠充分熟悉原理以及基礎概念，詳細的解析也能及時修正我們錯誤的想法，幫助我們在往後的學習中就能建立對化學的自信心。

成功高中　鄭傑元同學

上課可以很有趣？我本來也不相信，直到我遇到王昊與太陽教育集團的老師。

還記得當初同學拉我去補習班試聽，看到了長得有點像羅志祥的老師，心想：這樣年輕的老師會教嗎？殊不知他爲人幽默，總是用我們容易理解而且有趣的東西做比喻，上課方式活潑，把課程變的不那麼悶，也讓我漸漸對物理產生興趣。不像其他老師，感覺他跟學生們都沒什麼隔閡，有問題請教他也不會有壓力。我想這大概就是他的特質吧！ 有些老師會用那種高高在上的口氣跟你說話，可是王昊不會。

老實說，跟他相處久了，會覺得這份師生情誼很奇特，因爲我倒覺得我們更像是朋友。而這位朋友在課業上幫助我；心情不好或課業上遇到挫折的時候，也是我發牢騷的好對象，而他也會說些故事來勉勵我。學習上有他做靠山，眞的是我國中最大的禮物。而我最後也上了成功高中，不得不說，他大概佔了大半功勞。

我強烈推薦這本新書，讓沒有上過老師課的同學也受惠。

自序　分分合合成天下

宇宙萬物如何形成？是先有雞蛋還是先有雞？

所有人小時候，心中都會有許多「最初始」的疑問：爲什麼會有我？爲什麼會有地球？爲什麼天空是藍的？爲什麼海水這麼多？爲什麼……？爲什麼……？千千萬萬個爲什麼，小時候在我們心中形成，隨著長大之後求學的過程，問題一一得到解答之餘，卻也又形成更多、更深入、更專業的爲什麼，有的可以透過現有他人的研究結果得到解答，但是有更多的問題，可能要透過自己的努力才能解決。但追根溯底，宇宙萬物的形成，都與最基本的分分合合「化學反應」密不可分。

本書自反應分類引言，先簡述「物理變化」與「化學變化」的區別，再說明化學物質與化學反應過程的表示法；「質量守恆」是物質變化的最基本觀念，由此立基再敘述說明如「原子量」、「分子量」、「莫耳」等粒子的數量計算，以及如「定比定律」、「倍比定律」等觀念及運用；「化學計量」觀念貫穿全書，如何書寫化學反應方程式、並帶入莫耳計算，以求得反應物與生成物量的關係；而在工業化時代，掌握化學反應速率與平衡是化學研究重要一環，儘管未來本系列還有專書針對化學反應速率與平衡作探討，但在此仍須對本書內容相關部分先行簡單說明；最後再介紹幾種常見的化學反應做總結，讓本書的內容更形完整。

所有複雜的事物都是從簡單的東西開始，而再複雜的事物，其背後原理其實可能相當簡單，舉凡所見的一而二或二而一、難以計數的化學反應，形成我們今日所見與尚未可見的形形色色，這也正是「分分合合成天下」這既簡單又複雜的道理，希望能與所有讀者分享。

陳大為

太陽教育集團總裁

於105年初在新北市〈太陽教學團隊〉總部

作者介紹

陳大爲老師

陳大爲老師，縱橫補教界25年，歷任台北太陽教育集團（大集美、大福欣、大遠見）、儒林、立恆、高國華、林冠傑、華興等各大補習班，每年教導上千位國、高中學生，爲目前全台最受肯定的理化補教名師。上課風格節奏明快、幽默詼諧、課程重點針針見血，抓題精準，最擅長將課程重點彙整列表圖示，並以日常生活實例融入理化課程中，深受學生好評。曾任中國時報《97國中基測完全攻略密笈》乙書、〈國三第八節〉專欄理化科作者，現任太陽教育團隊執行長。著有《你也可以是理化達人》乙書、《國中理化一點都不難》、《圖解國中基測理化》、《學測化學必考的22個題型》等工具書、《國中理化TOP講義》、《國高中理化太陽講義》進度與總複習系列等。

王昊老師

王昊老師，太陽教育集團理化科首席教師，歷任大集美、立恆、陳威豪、學奇、青溪、天龍、漢英等各大補習班；新北市板橋大觀國中、土城中正國中理化教師。

我喜歡聽孩子們的笑聲，更喜歡看孩子們在歡笑中成長。
學習理化的過程也許艱辛，但沿途也有許多引人入勝之處。
漫步在知識的翰海，我們一起樂在其中。

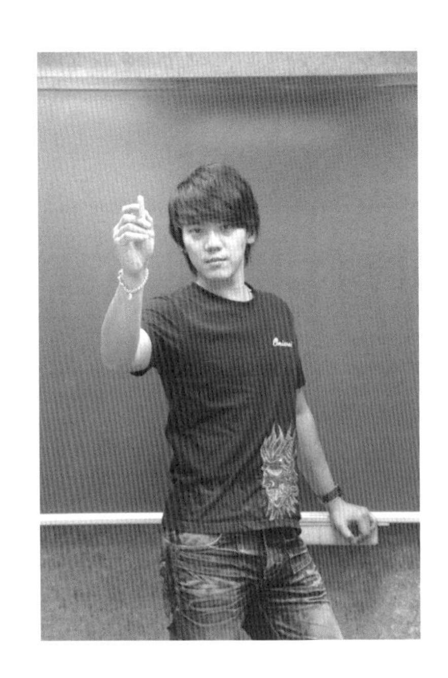

許威老師

國立中央大學生醫碩士，補教界新生代理化新星，太陽教育團隊主力教師，任教於大集美文理補習班、立恆補習班、郭建宏補習班、時代數理補習班等等，另亦於薇閣中學、再興中學等私校菁英教學及各公立學校等。

「許氏幽默」的教學內容，成爲學生在考場上利劍一把！許氏語錄「生活就是科學，科學就是生活」更是學生間廣爲流傳的至理名言！若說許威老師有著最活潑的教學，不如說自然科「竟然」會讓你愛不釋手！

王翰老師

各位讀者們，大家好，我是王翰老師。

曾任教於台北市立恆文理補習班、新北市大遠見補習班、台北市 A+ 補習班、桃園青溪文理補習班、桃園市文山國小科學社團、桃園縣玉兔補習班、桃園縣冠博補習班、新竹縣聯合補習班關西分部。

人類與其他的生物最大的不同之處，在於我們會思考事物，小至元素的存在，大至整個世界運作的原理，自然科學這門學問集合所有先賢們的智慧，使我們能快速銜接上前輩們的軌道。

捨得兩個字，有所捨棄才能有所得，現在誘惑太多導致你們可能花太多的時間在玩樂上，浪費了你們學習的黃金時光。讀書在這個資訊爆炸的時代並不一定是必須的，但不可否認的是最好吸收的方式之一，老師在這本書裡頭，講解了你們在高中時期所必須了解的科學知識，期望你們能在這一系列的書中能有所收穫。

本書導讀

一、自反應分類引言，先簡述「物理變化」與「化學變化」的區別，再說明化學物質與化學反應過程的表示法。

二、「質量守恆」是物質變化的最基本觀念，由此立基再敘述說明如「原子量」、「分子量」、「莫耳」等粒子的數量計算，以及如「定比定律」、「倍比定律」等觀念及運用。

三、「化學計量」觀念貫穿全書，如何書寫化學反應方程式、並帶入莫耳計算，以求得反應物與生成物量的關係。

四、在工業化時代，掌握化學反應速率與平衡是化學研究重要一環，儘管未來本系列還有專書針對化學反應速率與平衡作探討，但在此仍須對本書內容相關部分先行簡單說明。

五、瞭解幾種常見的化學反應如中和反應、氧化還原、有機化學、工要化學等。

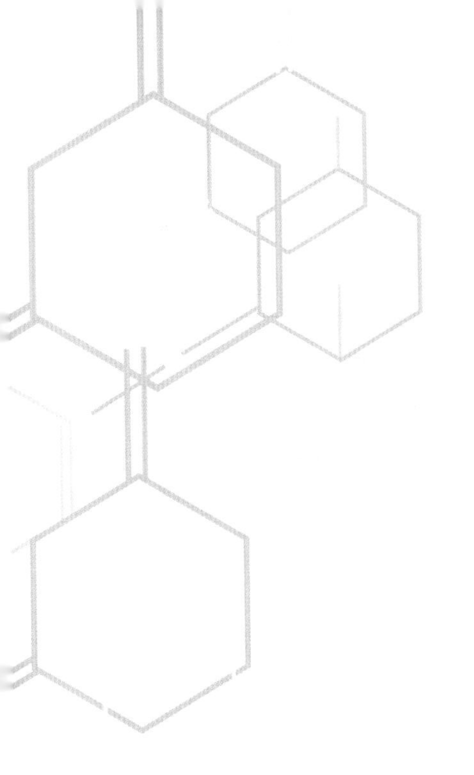

目　錄

第一章 化學反應

本章導讀

在自然界中充斥著多彩多姿的變化，而這些千變萬化的現象也不全然是隨心所欲，也遵守著既定的規則及規律。到底什麼稱爲「化學反應」，在學術界要如何去表達？而在「化學反應」中會遵守的哪些定律？常見的「化學反應」圍繞著你我的生活，那要怎麼去歸類這些反應、又該如何去分析它？現在就聽老師徐徐道來。

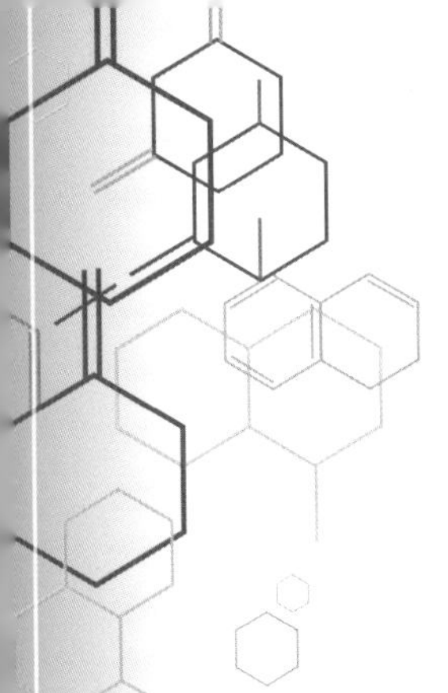

學習概念圖

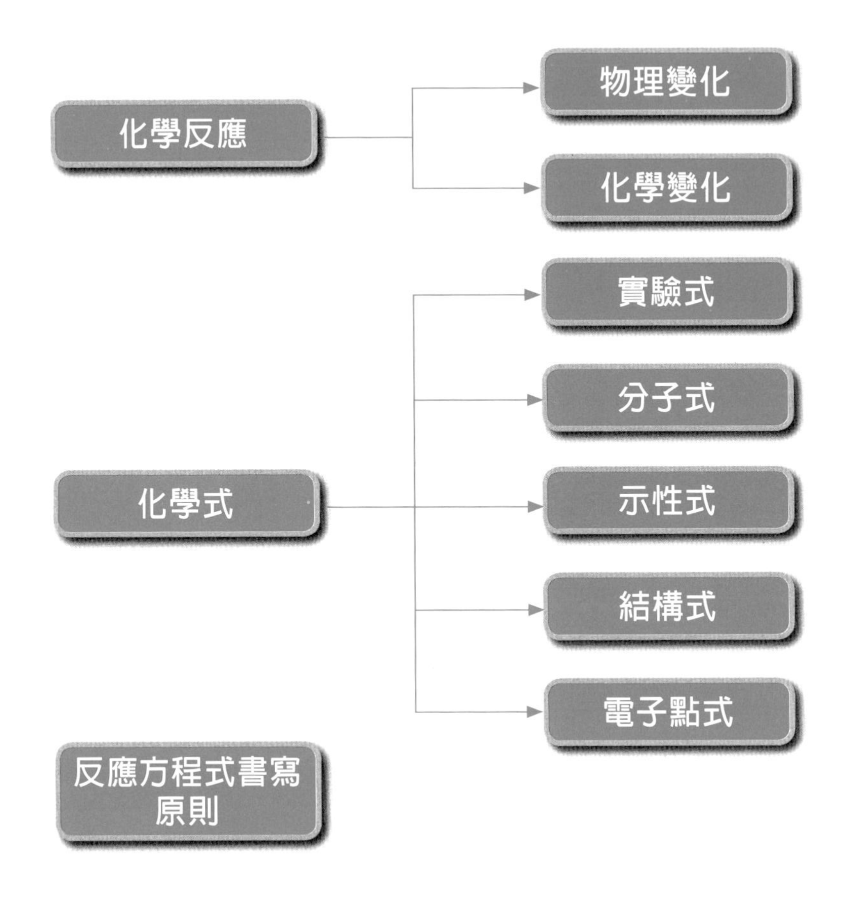

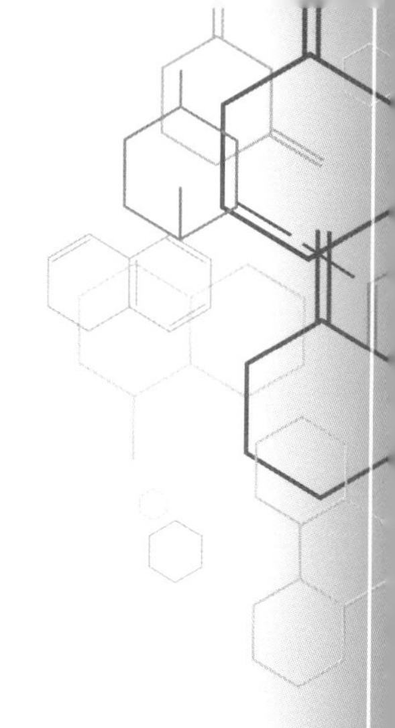

1 化學反應

一樣是週末的早晨美好理化課，姍姍來遲的小胖胖是我們眼中的開心果「阿銘」。略帶抱歉的說：「老師對不起，我遲到了。」老師邊指著他手中的袋子邊說：「阿銘呀～阿銘～你急急忙忙也沒忘了早餐呢。那考考你，早餐中的奶茶與蛋餅，舉出幾個物質變化吧！」理化一向是阿銘最拿手的科目，不急不徐的回答著：「我的半糖奶茶，糖溶解於水『物理變化』，雞蛋因受熱變性爲『化學變化』！」我對著他比了個大拇指：「很好，准你趕快入座！」

我最後回答：「生活中物理變化以及化學變化都在我們的生活中，連愛情也是種化學反應呢！」正當大家想知道答案時，老師卻不說出解答。

同學，你的愛情是屬於哪種物質變化呢？

化學反應爲一個或一個以上的物質（反應物），經由化學變化後產生與反應物不同之產物。而物質的變化又可分爲兩種：

一爲「**物理變化**」，而另一種就爲「**化學變化**」。

將依照不同的性質將「物理變化」與「化學變化」來做個區別。一般講到的「物理變化」，例如：水的三**態變化**：「固態轉變成液態，液態轉變成氣態」、都是爲「水」這個物質的形態轉變，並無產生「新物質」。而有別於「物理變化」，「化學變化」定義爲：在反應前後原子經由重新排列組合產生「**新物質**」，就稱爲「化學變化」。化學反應定義就爲「**原子重新排組合成新的物質」，在反應式中就爲產生出「新分子」**。

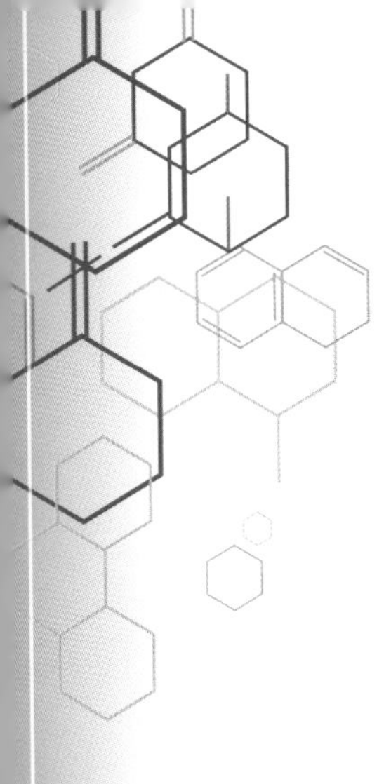

物理變化：物質不涉及原子重組的變化。

1. 物質的三相態變化。
2. 物質的吸附過程。
3. 物質體積、外表型態的變化。
4. 物質混合的過程。（混合後各物質仍維持原性質）

化學變化：物質涉及原子重組的變化。

1. 反應後會有「**新物質**」的產生。
2. 反應式中產生新分子。
3. 合成大分子，或重組分裂成小分子。

重要觀念建立 1-1

化學反應與物理反應的差異爲反應中是否產生何種新的粒子？

(A) 原子　(B) 分子　(C) 質子　(D) 電子。

解析

答案：(B)

化學反應其定義為「物質反應後有新物質（新分子）的產生」。故選(B)

重要觀念建立 1-2

化學變化發生前後，下列敘述何者正確？

(A) 原子總數不變，分子總數可能改變

(B) 原子總數不變，分子總數不變，物質的性質改變

(C) 原子總數、分子總數都改變

(D) 原子總數改變，分子總數不變。

解析

答案：(A)

化學反應其定義為「物質反應後有新物質（新分子）的產生」。

質量守恆（原子不滅）定律「反應前後原子數目種類不變」。故選(A)

重要觀念建立 1-3

下列在物體體積變化的過程中，何者牽涉到化學變化？

【95. 基測 I】

(A) 將氦氣灌入氣球，使氣球膨脹變大

(B) 將溫度計放入熱水中，水銀遇熱膨脹

(C) 將小蘇打混合麵糰，加熱膨脹成饅頭

(D) 將被壓扁的乒乓球投入沸水，會恢復圓球狀。

解析

答案：(C)

在化學變化定義中，需產生「新物質」。

(A) 將氦氣灌入氣球，雖然氣球膨脹變大，但是氦氣還是氦氣，且氣球仍為氣球，並無新物質的產生。

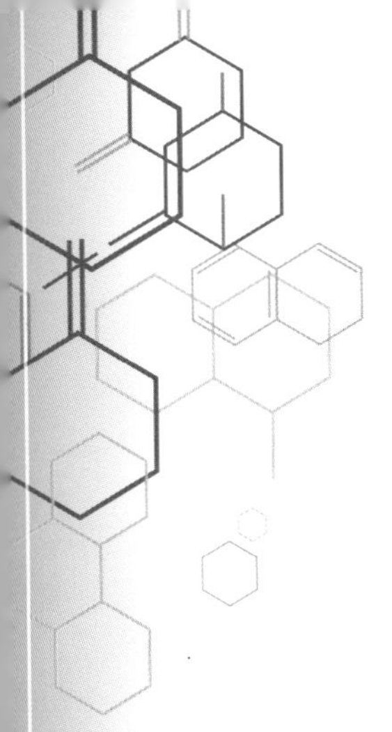

(B) 水銀體積的變化為一般物理變化的「熱脹冷縮」。

(C) 饅頭膨脹為理用小蘇打受熱分解產生二氧化碳氣體使麵糰膨脹蓬鬆，而「二氧化碳」為「新物質」故為化學變化。

(D) 利用乒乓球內的氣熱脹冷縮的原理，使乒乓球恢復圓球狀，並非「化學變化」。

重要觀念建立 1-4

有關於物理變化發生之後，下列敘述何者正確？

(A) 原子數目發生改變

(B) 原子數目與分子數目都沒變

(C) 原子數目改變，分子數目沒變

(D) 原子數目沒有變，分子數目改變。

解析

答案：(B)

物理變化為在變化上並無新物質（化學分子）產生，所以原子數目與分子數目皆不改變。故選(B)

重要觀念建立 1-5

有關於物質在化學變化產生的新物質敘述，下列何者正確？

(A) 原子重新排列，反應前後原子數目、種類不變

(B) 原子總數目發生變化

(C) 每一個原有的原子分開，產生新原子
(D) 原子種類發生變化。

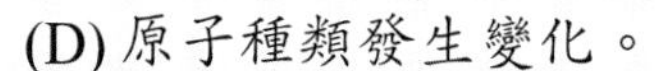

解析

答案：(A)

在化學變化中產生新物質（原子重心排列組合產生新分子），由於化學變化遵守「質量守恆」，故原子種類及數量接不會發生改變。故選(A)

重要觀念建立 1-6

慶生時，點了蠟燭後，觀察到下列的現象：固態的蠟熔化成液態後，液體隨燭蕊上升，受熱後再汽化，最後燃燒產生光、熱及二氧化碳、水，由此可得知整個過程應爲什麼變化？

(A) 物理變化
(B) 化學變化
(C) 先物理變化後化學變化
(D) 先化學變化後物理變化。

解析

答案：(C)

固態的蠟熔化成液態後，液體隨燭蕊上升，受熱後再汽化：物理變化。（三態改變）燃燒產生光、熱及二氧化碳、水：化學變化。（產生新物質），故選(C)

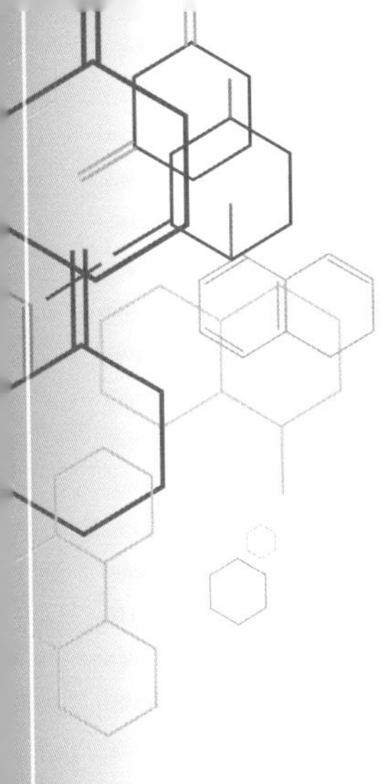

2 化學式

中堂下課，阿銘拿著題目來請教許威老師，許威老師說道：「阿銘，你剛剛不是說在路上看到一個女孩，穿著洋裝很有氣質的在等公車。其實啊，化學式就好像這樣！人有性別、個性、穿著等等的特質，物質就好像人一樣，也具有不同的特性，所以我們會用不同方式來描述。物質最基本的原子種類，我們會用『實驗式』；物質的個性，我們會用『示性式』；物質的穿搭組合，而用『結構式』來表示。」

化學物質中，有關純物質的表示法，在科學中根據不同表達的方式來該物質的不同特性，以下提到的分別爲**「實驗式」**、**「分子式」**、**「示性式」**、**「結構式」**、**「電子點式」**。

- **實驗式**：表示出組成物質的原子種類以及原子數簡單整數比的化學式。
- **分子式**：表示出所組成物質的原子種類和原子實際數目之化學式。
- **示性式**：表示組成物質的原子種類、原子數目以及特別標出官能基來表示該物質的特性之化學式。

舉例：

以乙酸爲例，乙酸之「實驗式」用CH_2O表示之，代表其組成的原子種類以及組成原子的最簡單整數比。

而乙酸之「分子式」爲$C_2H_4O_2$，而表示出此物質的原子種類以及原子的實際數目。

最後乙酸的「示性式」以CH_3COOH表示之，其表示出組成的原子種類、原子的實際數目以及特性官能基（-COOH）。

・**結構式**：表示所組成物質的原子種類、原子數目及結合排列情形之化學式。

例如：乙酸的「結構式」爲

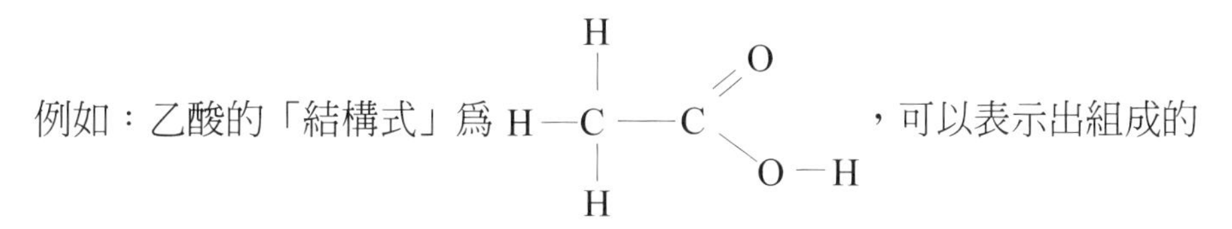

，可以表示出組成的原子種類、原子實際數目以及原子間結合方式。

・**電子點式**：利用電子分布的情形來表示出化學鍵結情形之化學式。

例如：乙酸的「電子點式」以 H C C O H（H、H、O）表示之，可得知原子種類、原子確實數目以及電子分布情形。

重要觀念建立 1-7

下列各化學式，何者不是以分子式表示？

(A) 氖（Ne） (B) 氧氣（O_2） (C) 果糖（CH_2O） (D) 黃磷（P_4）。

解析

答案：(C)

(C) CH_2O為果糖的實驗式（簡式），而果糖的分子式為「$C_6H_{12}O_6$」（與葡萄糖相同，但是兩者在結構上有差異）。故選(C)

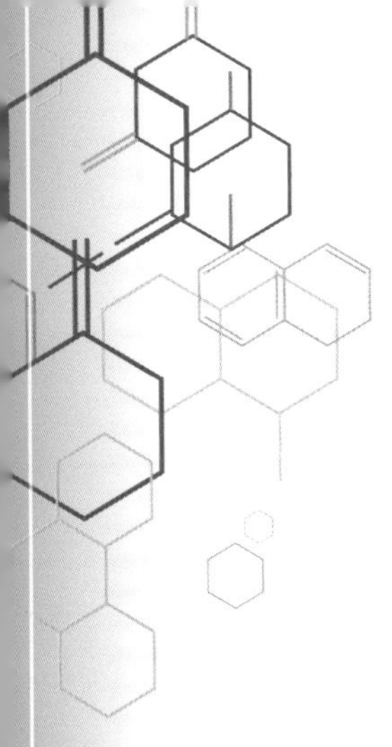

重要觀念建立 1-8

下列有關化學式的各項敘述，何者錯誤？

(A) CO_2 是分子式

(B) C_2H_5OH 和 CH_3OCH_3 的重量百分組成相同

(C) $H-\underset{Cl}{\overset{H}{\underset{|}{\overset{|}{C}}}}-Cl$ 和 $H-\underset{Cl}{\overset{H}{\underset{|}{\overset{|}{C}}}}-Cl$ 是同分異構物

(D) NaCl 是實驗式

解析

答案：(C)

(A) CO_2表示在物質中具有一個C原子與兩個O原子。

(B) 兩種為相同物質。

重要觀念建立 1-9

下列何者表示同一種化合物的實驗式（簡式）和分子式？

(A) CH_2O 和 $C_4H_6O_4$　(B) CHO 和 $C_6H_{12}O_6$

(C) CH_4 和 C_5H_{12}　(D) CH_2 和 C_3H_6

(E) CO 和 CO_2

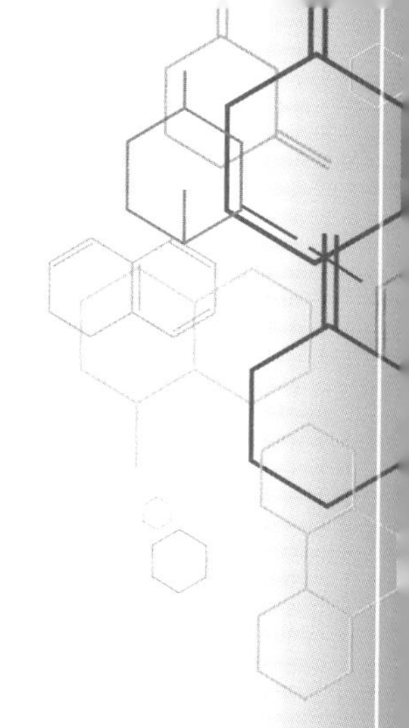

解析

答案：(D)

其中分子式與實驗式之間關係可以畫成以下式子：

「分子式＝（實驗式）$_n$」，並且實驗式為原子的最簡單整數比。故選(D)

重要觀念建立 1-10

下列有關各物質化學式的敘述，何者正確？

(A) 分子式可表達化合物所含原子種類及部分物性化性

(B) 二氧化矽的分子式爲 SiO_2，而食用鹽的化學式爲 NaCl

(C) 丙酮與丙醛具有相同的分子式，稱爲同分異構物，但物性卻不相同

(D) 由甲烷的結構式 $\begin{array}{c} H \\ | \\ H-C-H \\ | \\ H \end{array}$，得知其爲一平面分子

(E) C_2H_5OH 爲乙醇的示性式，而非分子式。

解析

答案：(C)、(E)

(A)分子式無法表示部分化性，只有示性式可以表示出官能基，才可得知部分性質；

(B)二氧化矽為網狀物質，故SiO_2為實驗式（簡式），且石英無分子式；

(D)結構式未必為分子實際上真正的結構（甲烷的結構為正四面體。）；

故選(C)、(E)。

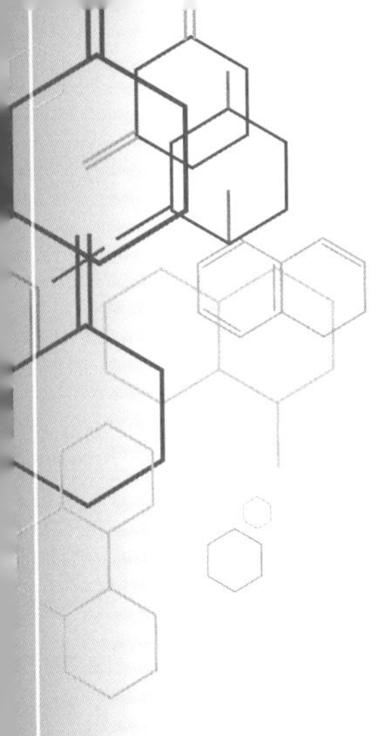

重要觀念建立 1-11

下列關於醋酸（CH_3COOH）和葡萄糖（$C_6H_{12}O_6$）兩化合物的比較敘述，下列何者正確？

(A) 兩者分子式相同

(B) 等重時，兩者所含的分子數相同

(C) 兩者所含元素之重量百分組成相同

(D) 等重量時，兩者所含的原子數不相同

解析

答案：(C)

(A) 醋酸分子式為$C_2H_4O_2$，CH_3COOH為其示性式；

(B) 因分子量不同，故同重時所含分子數並不同；

(D) 因元素百分組成相同，故等重時，各元素重量相同，故原子數相同。

故選(C)。

網路學堂：

化學式種類

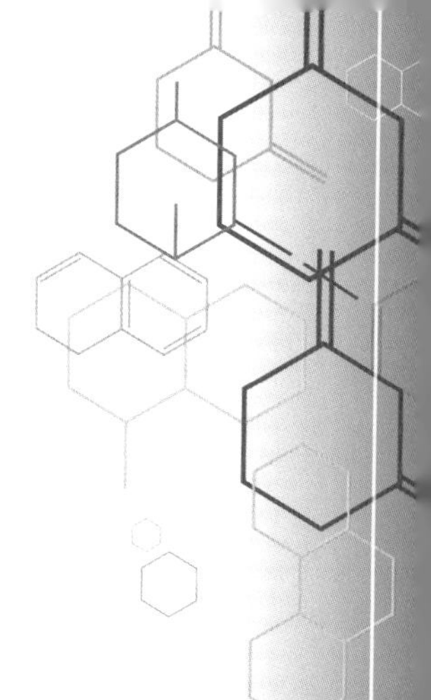

3 反應方程式書寫原則

連接的上一堂數學課，值日生急忙的要擦掉黑板上的數學方程式，益弘老師卻要同學暫慢並說：「同學同學！在化學中我們也會使用數學方程式來表示化學反應的進行。道理是一樣的：以＋號表示反應、而用→代表＝、化學式前的係數代表的是倍數。你們看～這道理是否相同呢？」阿棟馬上回答：「老師你也會教數學啊！」老師摸了摸下巴說：「文科老師常常提到『文史不分家』，我看我們理科不也是如此『數理不分家』啊！」

既然「化學變化」為產生新物質，那我們利用「化學方程式」來表示這些「反應物」與「生成物」之間的關係。該怎麼表示呢？

「化學方程式」：以化學式及簡單數學符號表達反應物與生成物關係之式子。

1. 方程式左邊寫出**反應物**，方程式右邊寫出**生成物**。
2. 數個反應物間以「+」連接，數個生成物間也以「+」連接。
3. 反應物與生成物間用**箭頭**表示反應。
4. 其他符號：「**加熱**」在反應箭頭上方或下方以△表示之。「**催化劑**」則將其化學式寫在箭頭的上方表示之。
5. 在反應物以及生成物的右下方以 ( ) 中表示該物質的狀態。固體以 (s) 表示、液體以 (l) 表示、氣體以 (g) 表示、水溶液以 (aq) 表示。
6. 化學方程式為用來表達實驗結果，且不可憑空杜撰。

   A物質與B物質反應產生C物質。以「A + B → C」表示之。

   以氫氣與氧氣燃燒產生水的反應為實例：

氫氣 + 氧氣 → 水

$$2H_2 + O_2 \rightarrow 2H_2O$$

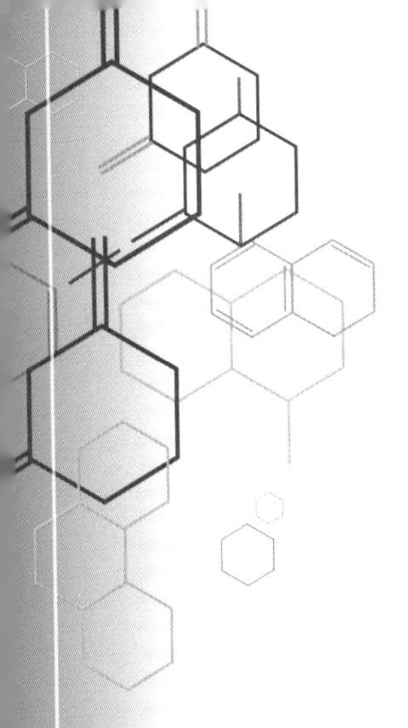

反應物爲氫氣與氧氣放在箭頭的左方，水爲生成物放在箭頭的右方表示。反應物有兩種以「+」號連接。

以二氧化碳製備爲實例：

碳酸鈣 + 稀鹽酸 → 二氧化碳 + 水 + 氯化鈣

$$CaCO_{3(s)} + 2HCl_{(aq)} \rightarrow CO_{2(g)} + H_2O_{(l)} + CaCl_{2(s)}$$

在 (　) 中表示物質的狀態。

以雙氧水產生氧氣的反應爲實例：

雙氧水→氧氣+水

$$2H_2O_2 \xrightarrow{MnO_2} 2H_2O + O_2$$

其中二氧化錳（MnO_2）爲催化劑，寫在箭頭的上方表示之。

另外，係數平衡的內容將在第三章敘述。

重要觀念建立 1-12

有關化學反應式的敘述，下列何者錯誤？

(A) 化學反應式表示實際發生的化學反應，不能憑空杜撰

(B) 用「→」表示化學反應的方向

(C) 反應物在左方，生成物在右方

(D) 化學反應式中，反應物與生成物的分子數目必須相等。

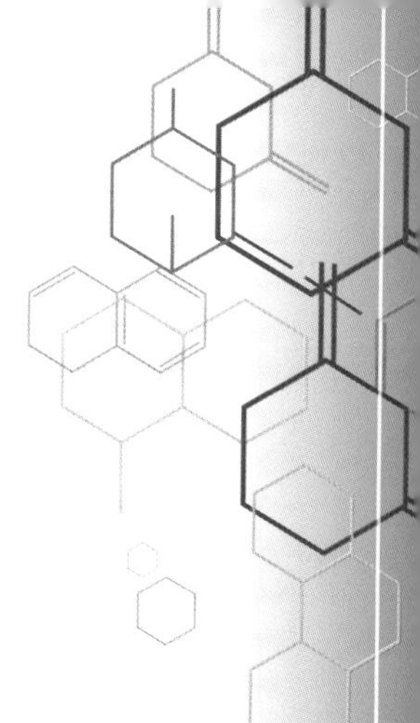

解析

答案：(D)

左、右兩邊的原子數目要相同，分子數目不一定要相同。

重要觀念建立 1-13

實驗室製造 O_2 和 Cl_2 的方法，依序以下表示：

甲：$2H_2O_2 \xrightarrow{MnO_2} 2H_2O + O_2$

乙：$4HCl + MnO_2 \rightarrow Cl_2 + MnCl + 2H_2O$

其中 MnO_2 在兩個反應中皆有參與反應，則下列敘述何者正確？

(A) 在甲、乙兩反應中皆是反應物

(B) 在甲、乙兩反應中皆是催化劑

(C) 在甲反應中是反應物，在乙反應中是催化劑

(D) 在甲反應中是催化劑，在乙反應中是反應物。

解析

答案：(D)

在甲反應中MnO_2為催化劑，故在箭頭上方表示之。

而在乙反應中則是放在箭頭左方為反應物。故選(D)

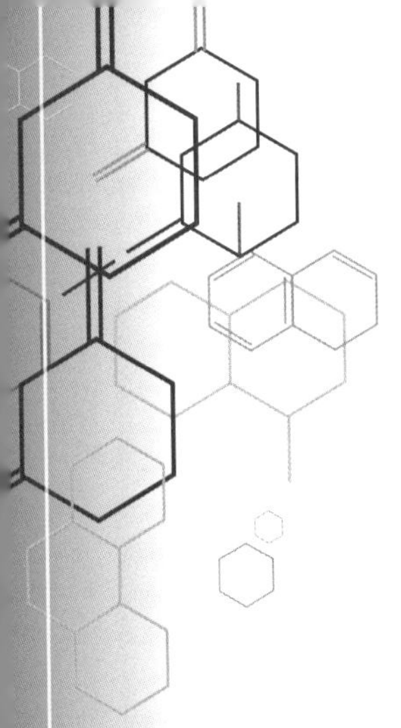

重要觀念建立 1-14

在如圖的實驗中，將雙氧水由薊頭漏斗加入錐形瓶產生氣泡的反應，以下列何種化學反應式來表示最適宜？　【91. 基測Ⅱ】

(A) $2H_2O_2 \rightarrow 2H_2 + 2O_2$

(B) $2H_2O + MnO_2 \rightarrow 2H_2 + 2O_2 + Mn$

(C) $2H_2O_2 + MnO_2 \rightarrow 2H_2O + 2O_2 + Mn$

(D) $2H_2O_2 \rightarrow 2H_2O + O_2$。

薊頭漏斗

二氧化錳（MnO_2）

解析

答案：(D)

雙氧水的正確反應式為 $2H_2O_2 \rightarrow 2H_2O + O_2$。

(A)根據質量守恆（原子不滅）定律：反應物原子數目種類 = 生成物原子數目種類；

(B) (C) MnO_2為催化劑，故需填寫在箭頭上方。

故選(D)。

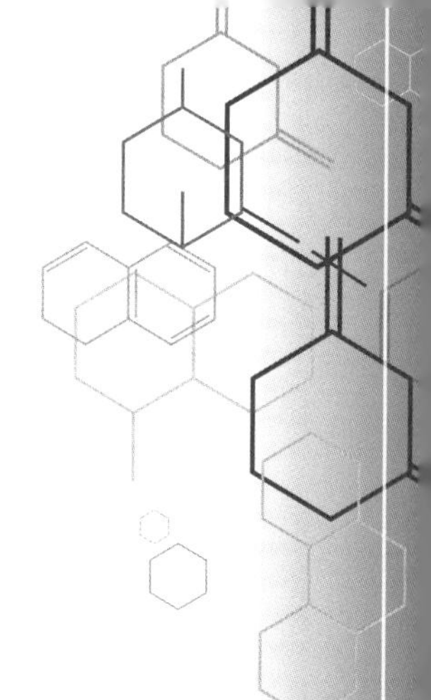

重要觀念建立 1-15

有一未平衡的反應式：$H_2 + N_2 \xrightarrow{Fe_2O_3} NH_3$，下列有關此反應式的敘述何者正確？【93. 基測 II】

(A) H_2、N_2 和 Fe_2O_3 皆爲反應物

(B) 由此反應式可預測發生此反應的快慢

(C) Fe_2O_3 在此反應中可以增加生成物的總量

(D) 在 H_2、N_2 和 NH_3 前分別加係數 3、1、2 可平衡此反應式。

解析

答案：(D)

(A)Fe_2O_3填寫在箭頭上方故為催化劑，並非反應物；

(B)就單從化學反應方程式無法預測反應的快慢；

(C)催化劑只可以增加反應的速度，無法增加最後總生成量。

故選(D)。

重要觀念建立 1-16

有一未平衡的反應式：$H_2 + N_2 \xrightarrow{Fe_2O_3} NH_3$，下列有關此反應式的敘述何者正確？【93. 基測 II】

(A) 反應式可預測發生此反應速率

(B) Fe_2O_3 皆爲反應物

(C) Fe_2O_3 在此反應中會被消耗

(D) 在 H_2、N_2 和 NH_3 前分別加係數 3、1、2 可平衡此方程式。

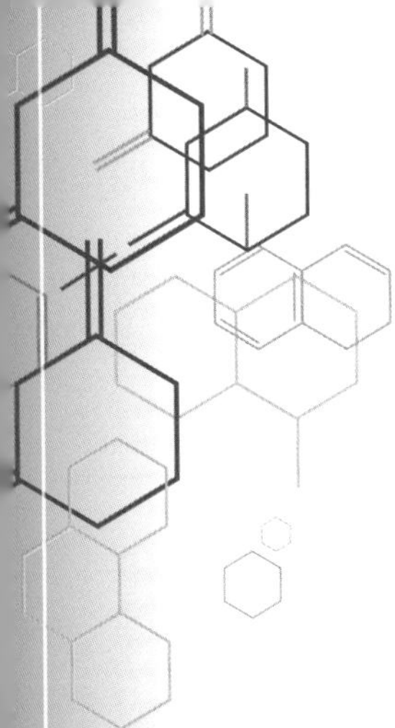

解析

答案：(D)

(A)無法預測反應的快慢；

(B)Fe_2O_3寫在箭頭上方，故為催化劑；

(C)Fe_2O_3為反應催化劑只可以增加反應速率，本身並不會被消耗。

故選(D)。

線上文字講堂：

反應速率與平衡

4 化學反應的類型

週末午後，學生們邀請許威老師一同去公園打打籃球、運動運動。經過一番奮戰攻防之後，看到在一旁喝水的大家，於是許威老師提出了一個問題：「既然水分對大家這麼重要，請用不同的化學反應產生水吧。」首先發難的是班上的小美女琪琪：「許威老師，我知道！可以使用氫氣與氧氣燃燒產生水喔！」許威老師對他比了個讚並說：「沒錯，這就是所謂的『化合反應』！」剛下場休息的阿名搶著說：「有機物燃燒也會產生水啊！」許威老師笑著回答：「理論沒錯，但是似乎不夠給你喝唷！」

在自然界中，常常充斥著許許多多的化學反應，而讓我們的世界，無時無刻都在發生變化。例如：木材燃燒產生光與熱、腳踏車生鏽、雞蛋在鍋子中加熱變成荷包蛋等等都是化學反應，不過大致可歸類以下幾種：

1. $A + B \rightarrow AB$　化合反應：
   (1) 定義：由兩種（或兩種以上）物質進行反應，生成另一種與反應物不同之新物質。
   (2) 實例：$2H_{2(g)} + O_{2(g)} \rightarrow 2H_2O_{(g)}$
   $NH_{3(g)} + HCl_{(g)} \rightarrow NH_4Cl_{(s)}$
2. $AB \rightarrow A + B$　分解反應：
   (1) 定義：由一種反應物分解成數種元素或化合物之化學方程式。
   (2) 實例：$2H_2O_{(L)} \rightarrow 2H_{2(g)} + O_{2(g)}$
3. $A + BC \rightarrow B + AC$　置換反應（取代反應）：
   (1) 化合物組成中，其中某一元素被其他元素單元所取代之化學方程式。
   (2) 實例：$Zn_{(s)} + CuSO_{4(aq)} \rightarrow Cu_{(s)} + ZnSO_{4(aq)}$

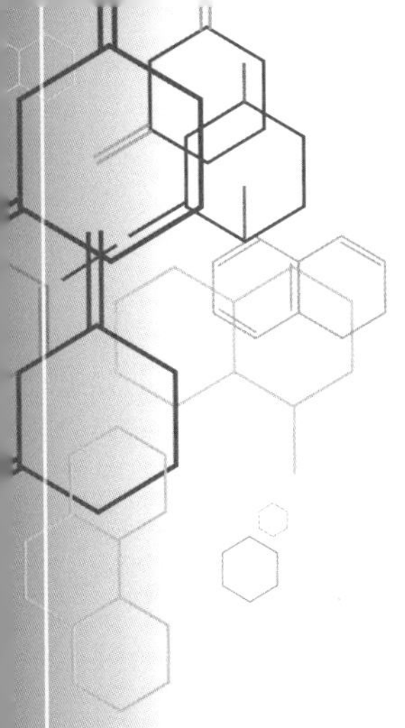

4. AB + CD → CB + AD　複分解反應：

 (1) 定義：兩種化合物相互交換其中組成，反應後生成另兩種新化合物之化學方程式。

 (2) 實例：$NaCl_{(aq)} + AgNO_{3(aq)} \rightarrow AgCl_{(s)}\downarrow + NaNO_{3(aq)}$

5. $X + O_2 \rightarrow$　燃燒反應：

 (1) 物質發生劇烈氧化反應，伴隨著光與熱放出之化學方程式。

 (2) 實例：$Mg_{(s)} + O_{2(g)} \rightarrow MgO_{(s)}$

 $CH_{4(g)} + O_{2(g)} \rightarrow CO_{2(g)} + H_2O_{(g)}$

6. n(C.H.O物質或C.H物質) → (C.H.O物質或C.H物質)n + H_2O　聚合反應：

 (1) 定義：數個小分子單體反應，相互連接生成高分子化合物。

 (2) 實例：$nC_6H_{12}O_6$（葡萄糖）→ $(C_6H_{10}O_5)n$（澱粉）+ nH_2O

 $nC_2H_4 \rightarrow (CH_2CH_2)n$（PE塑膠聚合反應）

以上的這些化學反應，有的放出熱、有的放出光、有的發生了顏色的改變、產生氣體、還有些甚至反應過後會有固體的沉澱產生。

伴隨著化學反應時的現象：

在化學反應中，常常會觀察到一些現象產生：

1. 顏色變化：

 (1) 化學反應發生前後，觀察到反應物與生成物之間的顏色變化。

 (2) 實例：$2NO_{(g)} + O_{2(g)} \rightarrow 2NO_{2(g)}$

 (無色)　(無色)　(紅棕色)

2. 沉澱產生：

(1) 在液相的反應中，反應後若生成溶解度極小的難溶生成物，即會觀察到沉澱產生（並以箭頭向下表示）。

(2) 實例：$Ca(OH)_2 + CO_2 \rightarrow CaCO_3 \downarrow + H_2O$

3. 氣體產生：

(1) 化學反應後有氣體產生，通常在液相或固相反應中出現。

(2) 實例：$H_2O_{2(l)} \rightarrow 2H_2O_{(l)} + O_{2(g)}$

4. 能量變化：

(1) 在反應發生過程中伴隨著放熱或吸熱的現象產生，而且有可能會放出光與熱。

(2) 實例：$NaOH_{(aq)} + HCl_{(aq)} \rightarrow NaCl_{(aq)} + H_2O_{(l)}$ + 熱

$2\,Mg_{(s)} + O_{2(g)} \rightarrow 2\,MgO_{(s)}$ + 熱 + 光

重要觀念建立 1-17

若將鈉金屬，投入盛有水的燒杯中，會有下列哪些現象被產生？

(A) 杯中的水產生顏色的變化　(B) 杯中的水溫上升

(C) 有氧氣生成　(D) 杯內有沉澱產生

(E) 出現燃燒現象。

解析

答案：(B)(E)

將鈉金屬與水的化學反應式如下：

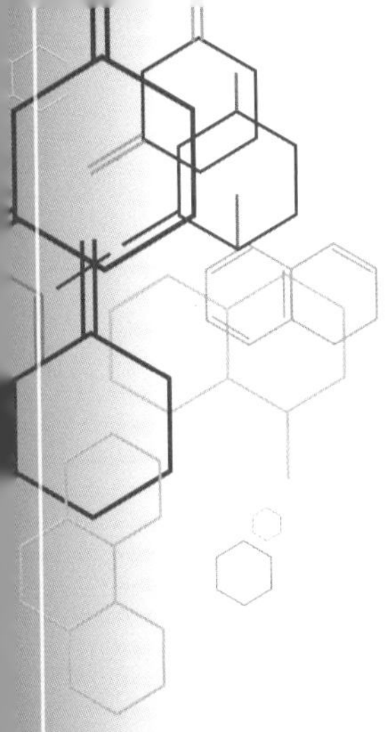

$2\,Na_{(s)} + 2\,H_2O_{(l)} \longrightarrow 2\,NaOH_{(aq)} + H_{2(g)}$，

此反應為放熱反應，所放出的熱使反應式中的生成物「氫氣」燃燒，而產生爆鳴聲響。

(A)生成物$NaOH_{(aq)}$為無色液體；

(B)放熱反應所放出的熱，使水溫上升；

(C)其反應生成物為「氫氣」，並非「氧氣」

(D) NaOH可溶於水中，故不會有沉澱物產生。

故選(B)(E)。

線上文字講堂：

氧化還原

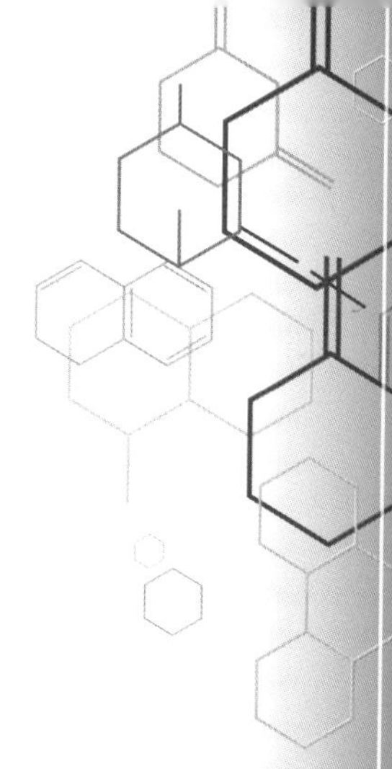

本章學習重點

1. 物理變化及化學變化的原則要區分清楚：

   物理變化：物質不涉及原子重組的變化。

   (1) 物質的三相態變化。

   (2) 物質的吸附過程。

   (3) 物質體積、外表型態的變化。

   化學變化：物質涉及原子重組的變化。

   (1) 反應後會有「**新物質**」的產生。

   (2) 反應式中產生新分子。

   (3) 合成大分子，或重組分裂成小分子。

2. 化學反應式的「5大種類」，其相關特性。

   (1) **實驗式**：表示出組成物質的原子種類以及原子數簡單整數比的化學式。

   (2) **分子式**：表示出所組成物質的原子種類和原子實際數目之化學式。

   (3) **示性式**：表示組成物質的原子種類、原子數目以及特別標出官能基來表示該物質的特性之化學式。

   (4) **結構式**：表示所組成物質的原子種類、原子數目及結合排列情形之化學式。

   (5) **電子點式**：利用電子分布的情形來表示出化學鍵結情形之化學式。

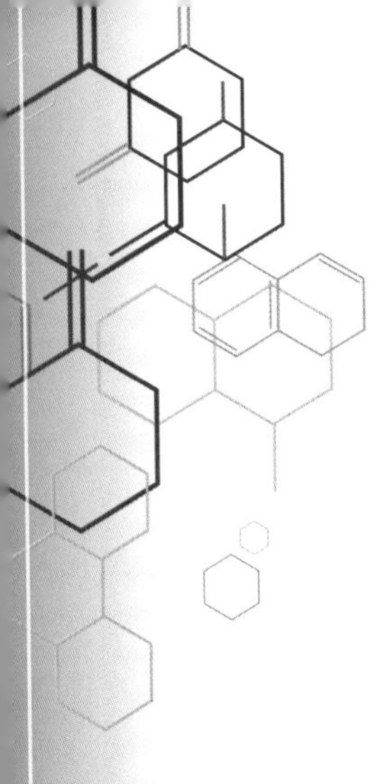

3. 反應方程式書寫原則。

(1) 方程式左邊寫出**反應物**，方程式右邊寫出**生成物**。

(2) 數個反應物間以「＋」連接，數個生成物間也以「＋」連接。

(3) 反應物與生成物間用**箭頭**表示反應。

(4) 其他符號：「**加熱**」在反應箭頭上方或下方以△表示之。「**催化劑**」則將其化學式寫在箭頭的上方表示之。

(5) 在反應物以及生成物的右下方以(　)中表示該物質的狀態。固體以(s)表示、液體以(l)表示、氣體以(g)表示、水溶液以(aq)表示。

(6) 化學方程式為用來表達實驗結果，且不可憑空杜撰。

4. 化學反應的種類：化合反應、分解反應、置換反應、複分解反應、燃燒反應、聚合反應等。

學習上易犯錯的地方與注意事項

1. 物理變化以及化學變化的差異在，是否產生「新」物質。有新物質產生的是化學變化。
2. 在結構式中，其原子間的「鍵結數」，小心不要書寫錯誤囉！鍵結數的判定，須利用結合的價電子數，一對（2個）電子一個鍵結（單鍵），二對電子就是雙鍵。

   例如：

   乙酸電子點式為 $\begin{array}{c} \mathrm{H} \\ \vdots \\ \mathrm{H}\cdot\cdot\mathrm{C}\cdot\cdot\overset{:\ddot{\mathrm{O}}:}{\ddot{\mathrm{C}}}\cdot\cdot\underset{\cdot\cdot}{\overset{\cdot\cdot}{\mathrm{O}}}\cdot\cdot\mathrm{H} \\ \vdots \\ \mathrm{H} \end{array}$，

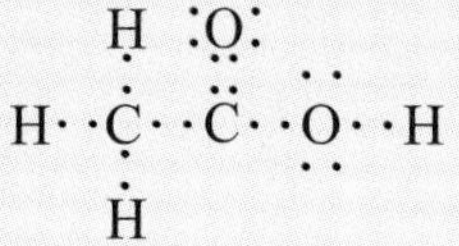

   寫成結構式即為 $\begin{array}{l} \quad\;\;\mathrm{H} \qquad\qquad\quad \mathrm{O} \\ \quad\;\;| \qquad\qquad\;\; /\!/ \\ \mathrm{H}-\mathrm{C}-\!\!-\mathrm{C} \\ \quad\;\;| \qquad\qquad\;\; \backslash \\ \quad\;\;\mathrm{H} \qquad\qquad\quad \mathrm{O}-\mathrm{H} \end{array}$。

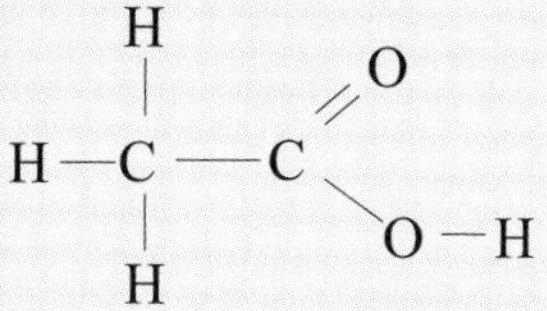

   又電子點式中，須注意遵守八隅體的原則，雖然有少數例外。
3. 反應方程式書寫時小心物質「狀態」的標示。固體以(s)表示、液體以(l)表示、氣體以(g)表示、水溶液以(aq)表示。液體(l)與水溶液(aq)不是相同狀態。
4. 有機化合物分子式「碳、氫、氧」的表示，需按照順序書寫。例如：葡萄糖分子式為$C_6H_{12}O_6$。

質量守恆定律

本章導讀

前幾章介紹了如此多種類的化學反應，有的爲物理變化，有些爲化學變化。

既然這些變化都涉及了改變，型態的變化、氣體的產生、沉澱的產生，甚至原子間的重新排列組合，但是這麼多種的變化，難道彼此之間都是「各變各的？」，還是有些原則呢？沒錯！在一般的化學反應中，一定都遵守的是「質量守恆」定律！

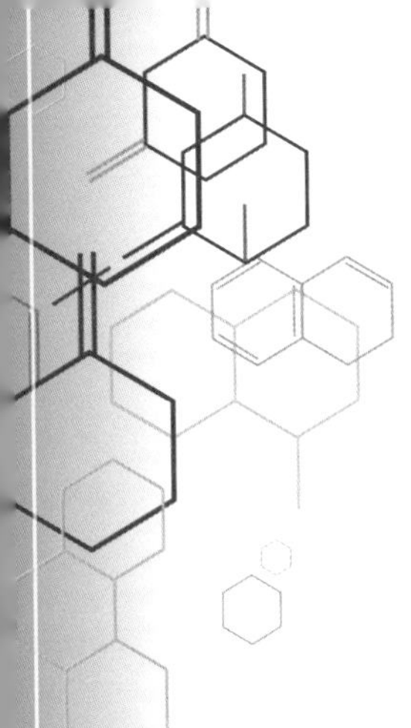

學習概念圖

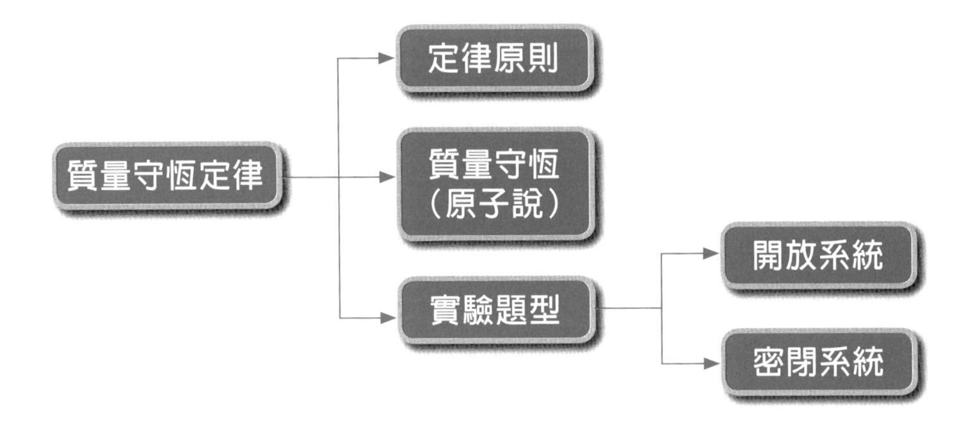

1 質量守恆定律

就在電視台放送著日本熱狗大胃王的比賽，製作單位在各個參賽者進行比賽之前，都進行了一番的健康檢查，其中一樣爲「體重測量」。於是比賽開始！一番搏鬥之後，吃了69條熱狗堡的冠軍選手，站上體重機後，體重有著顯著增加，回頭換算他所吃的熱狗堡與喝水的質量，竟然不謀而合。食物經過消化道的消化分解，產生了許多不同物質，竟然最後總質量與反應前相同！這現象是否說明化學反應與質量概念呢？風格多元的許威老師默默的將影片節錄，看來課堂上又有有趣的教材了！

法國科學家拉瓦節將金屬、木炭等等的物質，個別放入密閉容器內後加熱，結果卻發現無論燃燒加熱後的灰燼量看起來不管是增加或是減少，連同容器內氣體的總質量卻沒增加也沒減少，證實「質量守恆定律」。

「質量守恆」爲化學反應中重要的原則之一，其內容爲：「物質與物質間發生的化學反應，其總質量在反應前後並不會改變，不會增加也不減少。主要是轉換其存在形式。」

也就是「**反應物總質量＝生成物總質量**」

至今其定義僅適用在「化學變化」與「物理變化」，並不適用在「核反應」（「核反應」遵守的爲質能守恆定律。）。

重要觀念建立 2-1

木炭 12 公克燃燒生成二氧化碳 44 公克，則 12 公克木炭完全燃燒需和多少公克的純氧化合？

(A) 6 公克　(B) 12 公克　(C) 32 公克　(D) 48 公克。

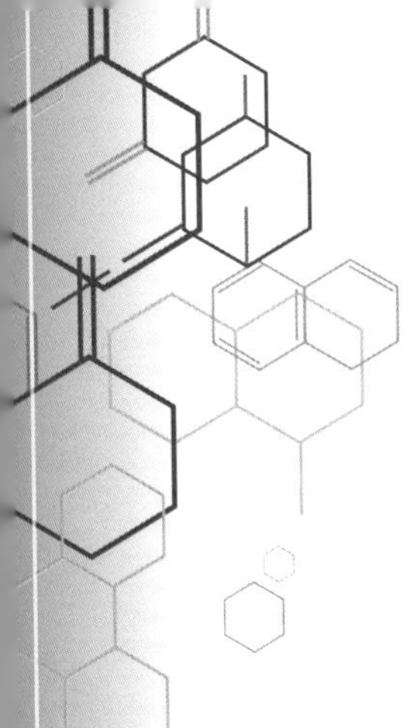

解析

答案：(C)

根據質量守恆定律，反應前後總質量不變，

故所需純氧為 44 − 12 = 32公克。故選(C)。

重要觀念建立 2-2

某化學反應之反應式爲 $2A + B \rightarrow 2C$，今有 a 公克的 A 恰與 b 公克的 B 完全反應，生成 r 公克的 C，則下列何者正確？

(A) $b = r - a$　(B) $r = b - a$　(C) $2a + b = r$　(D) $\frac{2a}{b} = 2r$。

解析

答案：(A)

根據質量守恆，反應物總質量＝生成物的總質量。

$a + b = r$，$b = r - a$

故選(A)。

重要觀念建立 2-3

假設 12 公克 A 物質恰與 30 公克 B 物質完全反應，其反應式爲 $3A + B \rightarrow 2C$，則產生之 C 物質爲多少公克？

(A) 18　(B) 42　(C) 66　(D) 132。

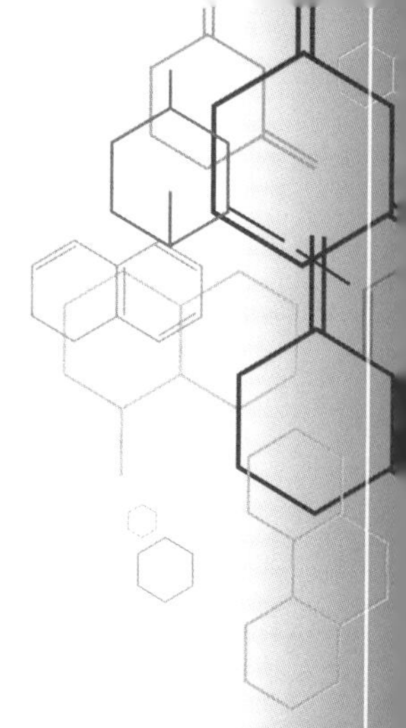

解 析

答案：(C)

根據質量守恆定律，反應前後總質量不改變，故選(C)。

註：在反應式中的「係數比」為「莫耳數比」，而並非質量。

關於莫耳數的概念以及相關計算，將在後面的主題中解釋。

重要觀念建立 2-4

有一化學反應「甲 + 乙→丙」，已知反應前甲質量 12 公克而乙質量 8 公克，反應後甲完全消耗而乙剩下 4 公克，則反應後產物丙質量爲何？

解 析

答案：16公克

這樣的題目為標準的「質量守恆」定律的基本應用。

總反應物：12 + 8 = 20公克。

再根據「質量守恆」定律：反應前後其總質量不變。

所以生成物丙為20 － 4 = 16公克。

順帶一提，反應物甲在此反應中爲「限量試劑」。相關內容將在第三章「化學計量」中提到。

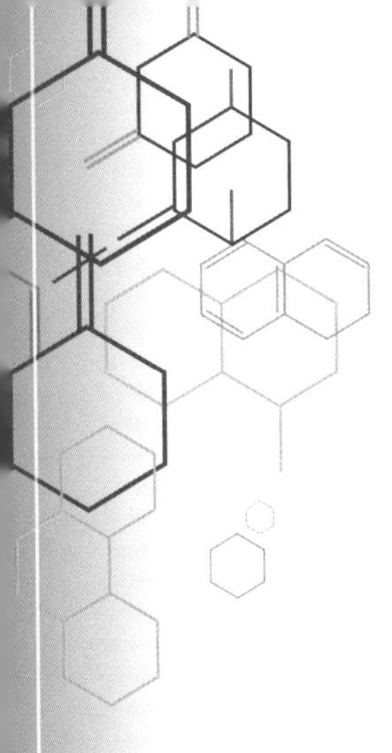

重要觀念建立 2-5

已知 3g 的甲化合物恰可與 3g 的乙化合物完全反應，生成 6g 的丙化合物。若取 5g 的甲化合物和 10g 的乙化合物進行反應，則下列敘述何者正確？【98. 基測Ⅱ】

(A) 反應時，10g 的乙化合物剛好用完

(B) 反應完成後，生成 10g 的丙化合物

(C) 反應完成後，還剩下 2g 的甲化合物

(D) 反應完成後，物質的總質量爲 10g。

解析

答案：(B)

本題為「質量守恆」定律之基本題型，根據題意所示甲3g ＋ 乙3g→丙6g，所以反應式中三者的重量比例關係為甲：乙：丙 ＝ 1：1：2，所以當甲有5g，乙有10g，僅可生成10g丙，剩下的乙5g為殘留未反應。

(A)10g的乙物質僅會有5g參與反應，剩下5g為殘留；

(C)剩下5g的乙物質；

(D)質量守恆，所以反應後，所有物質的總質量（反應後生成物 ＋ 未反應殘留物）仍為15g。

重要觀念建立 2-6

甲、乙、丙、丁分別代表四種不同的純物質，取 10 公克甲和 8 公克乙進行反應，其化學反應式爲：2 甲 + 乙→丙 + 丁。反應後

乙完全用完，甲剩下1公克，生成6公克的丙，則此化學反應生成丁多少公克？【95.基測Ⅰ】
(A) 10公克 (B) 11公克 (C) 12公克 (D) 13公克。

解析

答案：(B)

根據質量守恆以及題意：

甲剩下1公克，代表用去9公克，反應物總質量為17公克，生成6公克的丙，回推丁的質量為17 − 6 = 11（公克）。

故選(B)。

重要觀念建立 2-7

已知一碳氧化合物的碳、氧重量比爲3：6，當6公克的碳完全與氧化合時，則生成之化合物爲多少？
(A) 18公克 (B) 22公克 (C) 32公克 (D) 64公克。

解析

答案：(A)

根據質量守恆，反應物質量間成固定比例。

C：O = 3：6 = 1：2，故6公克C需要12公克O，所以生成物為6 + 12 = 18(g)。

故選(A)。

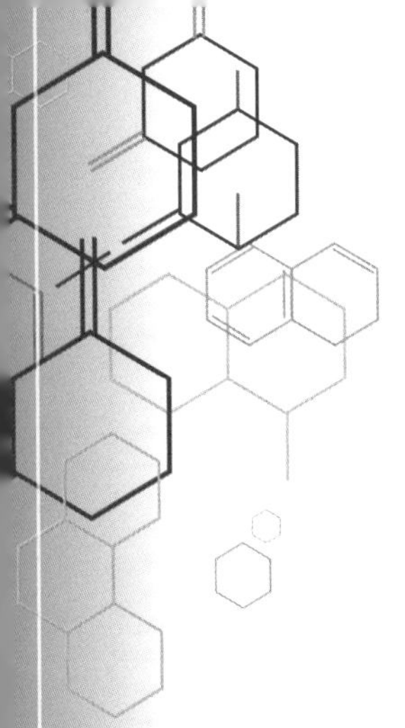

重要觀念建立 2-8

以 36 公克的 X 和足量的 Y 恰可完全反應生成 48 公克的 X_2Y，且無剩餘的 X，則下列何者也可完全反應生成 X_2Y，且無剩餘的 X 和 Y？【99. 基測 I】

(A) 8 公克的 X 和 4 公克的 Y

(B) 12 公克的 X 和 2 公克的 Y

(C) 54 公克的 X 和 18 公克的 Y

(D) 72 公克的 X 和 48 公克的 Y。

解析

答案：(C)

根據質量守恆，反應物總質量=生成物總質量，故X與Y反應形成X_2Y，

36g + Y = 48g，Y = 12g。

所以質量比X：Y = 36：12 = 3：1，故選(C)。

重要觀念建立 2-9

有一反應的反應式爲：甲 + 乙 $\xrightarrow{戊}$ 丙 + 丁，反應前後的質量如表所示。表中 X、Y 的數值分別爲下列何者？【100. 基測 II】

(A) X = 10，Y = 0　　(B) X = 9，Y = 1

(C) X = 16，Y = 0　　(D) X = 39，Y = 1。

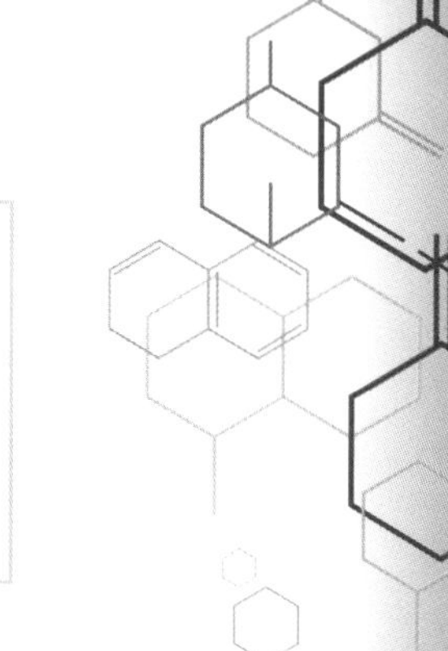

物質	甲	乙	丙	丁	戊
反應前質量（g）	30	30	0	0	1
反應後質量（g）	7	0	44	X	Y

解析

答案：(B)

依照表格，甲消耗：30 − 7 = 23(g)，乙消耗：30 − 0 = 30(g)，丙生成：40(g)，

根據質量守恆，反應物總質量＝生成物總質量，

故丁生成：23 + 30 − 44 = 9(g)，故戊寫在箭頭的上方代表「催化劑」，催化劑參與反應，反應前後總質量不變。

故Y = 1(g)，故選(B)。

重要觀念建立 2-10

在一個真空的密閉容器中放入甲、乙、丙、丁四種物質，於適當的條件下使其充分反應，經過一段時間後，測得相關資料如表所示。關於此反應的敘述，下列何者正確？　　【101. 基測】

(A) 反應後，甲的質量為 1 公克

(B) 乙和丁的質量變化量之比為 3：4

(C) 甲和丁可能是此化學反應的反應物

(D) 乙和丙可能是此化學反應的生成物。

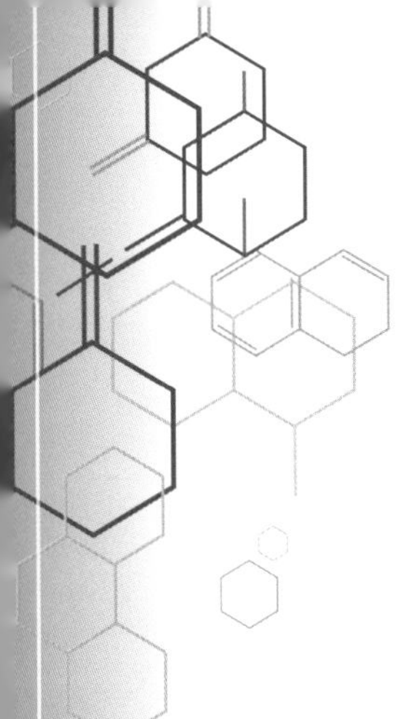

物質	甲	乙	丙	丁
反應前質量（公克）	6	1	2	32
反應後質量（公克）	?	25	2	14

解 析

答案：(C)

(A) 根據質量守恆定律，反應前後質量不變。甲反應後的質量：

$(6 + 1 + 2 + 32) - (25 + 2 + 14) = 0g$；

(B) 乙、丁質量變化量比為$(25 - 1):(32 - 14) = 24:18 = 4:3$；

(C) 甲、丁質量減少，故為反應物；

(D) 乙質量增加，為生成物；丙質量不變，可能為催化劑或根本未參與反應。

故選(C)。

重要觀念建立 2-11

A 物質 8 公克與 B 物質 20 公克反應，其反應式爲 $2A + B \rightarrow 3C + D$，反應後產生 D 物質 10 公克，剩下 A 物質 1 公克，則產生 C 物質爲多少公克？

(A) 14　(B) 17　(C) 18　(D) 20。

解析

答案：(B)

	2A	+	B	→	3C	+	D
反應前：	8公克		20公克				
反應後：	1公克		0公克		x公克		10公克

根據質量守恆定律「反應前總質量 = 反應後總質量」：

$8 + 20 = 1 + 0 + x + 10$

$x = 17$（公克）。

故選(B)。

重要觀念建立 2-12

某化學反應式爲 $3A + B \rightarrow C + 2D$，反應前 A 的質量爲 25 公克，B 的質量爲 7 公克，反應後 A 完全消耗，B 剩下 5 公克，產生 5 公克的 C，則生成多少公克的 D ？

解析

答案：21

$25 + 7 - 5 = 5 + x$，

$x = 22$。

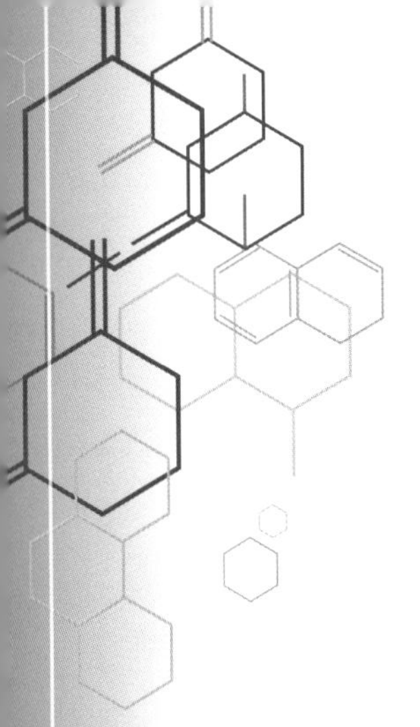

重要觀念建立 2-13

在室溫時，體積爲 100 升的眞空密閉容器中，通入 28 公克氮氣和 32 公克氧氣，加熱反應產生 NO_2 氣體，反應式如下：$N_2 + 2O_2 \rightarrow 2NO_2$。若反應前後容器的體積及溫度不變，則反應後容器內氣體的平均密度爲多少公克／升？【91. 基測 I】

(A) 0.30 (B) 0.46 (C) 0.60 (D) 0.92。

解 析

答案：(C)

根據質量守恆定律「反應物總質量 = 生成物總質量」，且在密閉系統內反應，不予外界交換物質。

故總質量不變。

求平均密度：$\frac{28+32}{100} = 0.60$（公克／升）。

重要觀念建立 2-14

如圖爲鎂帶（Mg）燃燒產生氧化鎂（MgO）質量的關係圖。若取 12 公克的鎂帶與 6 公克的氧燃燒，最多可以產生幾公克的氧化鎂？【94. 基測 I】

(A) 20 (B) 15 (C) 10 (D) 5。

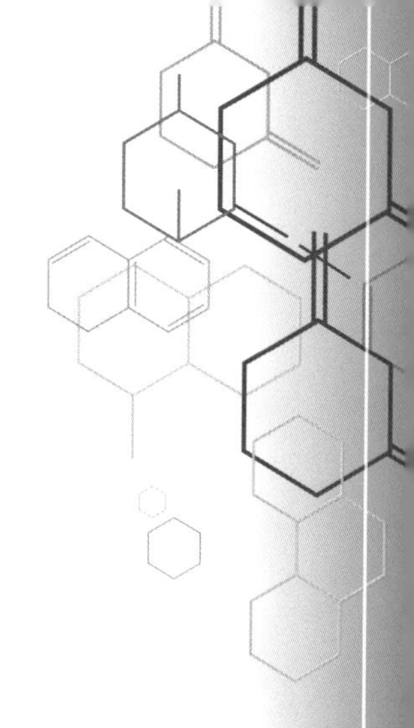

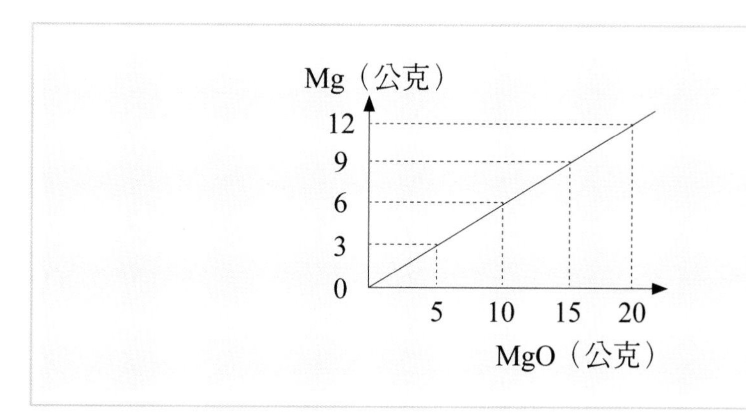

解析

答案：(B)

根據關係圖得知，3g Mg燃燒可以產生5g MgO，

所消耗之氧氣質量為5 – 3 = 2 (g)

故Mg與所需的氧氣質量比為 3：2，Mg為過量試劑，

故以氧氣為主，

依照質量比3：2 = X：6

X = 9(g)，故消耗了Mg = 9(g)，產生的MgO為9 + 6 = 15(g)，故選(B)。

重要觀念建立 2-15

已知 X、Y 和 Z 是三種不同的純物質，其分子量分別爲 28、2、17。若 X 和 Y 反應可生成 Z，則下列何者可能爲其均衡的化學反應式？【95. 基測 II】

(A) X + Y → 2Z　　(B) 2X + Y → 2Z

(C) X + 3Y → 2Z　　(D) 2X + 3Y → 4Z。

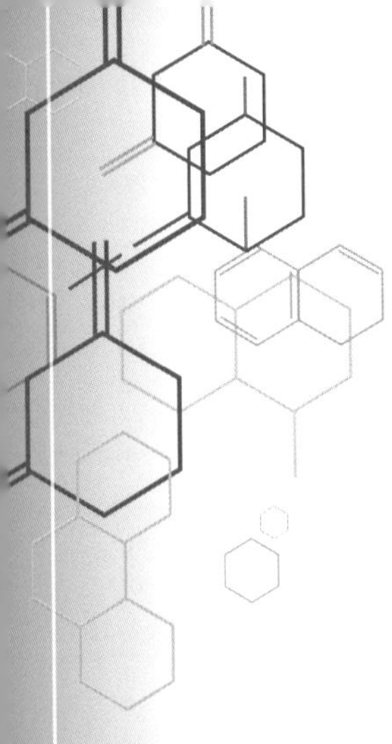

解析

答案：(C)

根據化學計量「係數比 = 莫耳數比」、「質量 = 莫耳數 x 分子量」，再根據質量守恆定律「反應前後總質量不變。」

(A) $28+2 \neq 2 \times 17$

(B) $2 \times 28+2 \neq 2 \times 17$

(C) $28+3 \times 2=2 \times 17$

(D) $2 \times 28+3 \times 2 \neq 4 \times 17$

故選(C)。

重要觀念建立 2-16

一平衡化學反應式：$A + 3B \rightarrow 2C$。若分子量 A 爲 28，B 爲 2，C 爲 X。將 Y 公克的 A 與 36 公克的 B 反應，當 B 完全用完後，還剩下 12 公克的 A。下列有關 X 與 Y 的組合，何者正確？【94. 基測Ⅱ】

(A) X = 17，Y = 180　(B) X = 17，Y = 168

(C) X = 34，Y = 180　(D) X = 34，Y = 168。

解析

答案：(A)

根據質量守恆定律「反應前後質量不變。」，故$28 + 3 \times 2 = 2X$，得$X = 17$，

再依等比例$(Y - 12) : 36 = 28 : 3 \times 2$，得$Y = 180$。

故選(A)。

重要觀念建立 2-17

某科學家使用圖(一)的裝置，在密閉條件下加熱曲頸瓶中的汞（Hg）。加熱一段時間，他發現銀白色的汞變成了紅色的粉末，且玻璃鐘罩內的水面也往上升，當水面不再改變時停止加熱，冷卻至室溫後之結果如圖(二)所示。這種紅色的粉末是氧化汞（HgO），他認爲這是汞和玻璃鐘罩內的某種氣體結合產生的。如果把氧化汞取出加熱，這種氣體就會跑出來，後來這種氣體被命名爲「氧」。試回答下列問題：【92. 基測Ⅱ】

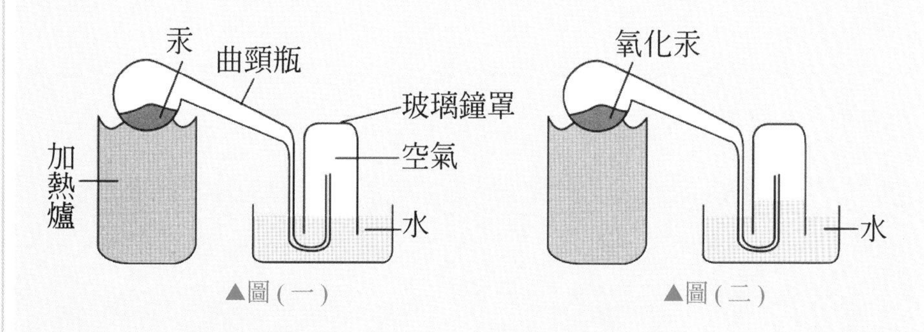

▲圖(一)　▲圖(二)

① 在上述的實驗中，加熱曲頸瓶內的汞，可用下列哪一項反應式來表示？

(A) $Hg + O_2 \rightarrow HgO_2$

(B) $2HgO \rightarrow 2Hg + O_2$

(C) $2Hg + O_2 \rightarrow 2HgO$

(D) $2HgO_2 \rightarrow 2HgO + O_2$。

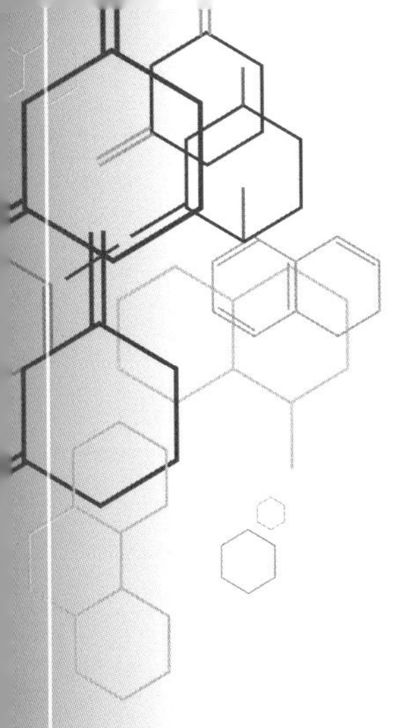

② 若以M_a、M_b分別表示加熱前和加熱後曲頸瓶內物質的質量，W_a、W_b分別表示加熱前和加熱後玻璃鐘罩內氣體的質量，則下列各關係式何者正確？

(A)$M_b - M_a = W_a$

(B)$M_b = W_a + W_b$

(C)$M_a + W_a = M_b + W_b$

(D)$M_a - W_a = M_b - W_b$。

解析

答案：①(C)；②(C)

① 汞加熱代表與氧氣反應。其反應式為$2Hg + O_2 \rightarrow 2HgO$，故選(C)

② 根據質量守恆定律，又在密閉系統內，反應前後其總質量不改變，$M_a + W_a = M_b + W_b$。故選(C)

線上及時文字講堂：

化學反應與方程式

2 原子說

看著阿棟吃著路邊攤買來的貢丸湯，老師拿了一根筷子將貢丸串起後問：「這樣變成了？」阿棟回答：「這不就是便利商店的『關東煮』嗎！？」老師笑著回答：「不！阿棟，這就是『原子說』！『發生化學反應其實就是原子間的重新排列組合』，貢丸就是原子，串起來就變成了『關東煮裡的貢丸串』，若單獨放到湯裡，就變成了貢丸湯。所以即使發生了化學變化，其原子的數量及種類都不會改變，對吧！？」阿棟嘴裡咀嚼著貢丸並說：「老師，我懂了，但是我太餓了，所以先吃掉『原子』囉！」

在原子的單元內提到道耳頓的「原子說」其內容說明到：在化學反應發生中，為物質內原子的重新排列組合形成新的物質（**新分子**），原子並不會轉變成其他原子，其「**種類**」及「**數目**」都不會改變。由於道耳頓的「**原子說**」也可以拿來說明「質量守恆」的概念。例如：氫氣與氧氣燃燒後產生水的化學反應來看，氫氣與氧氣都為「雙原子分子」（各由兩個氫原子與氧原子所組成的分子。），將兩者混合後點火燃燒後產生水分子，也只是氫原子與氧原子重新排列組合成水分子（由兩個氫原子與一個氧原子組成）。其中反應後氫原子和氧原子都還存在，且並無新生成其他原子，其原子數目，反應後前後也沒有改變，故反應前後總質量不變。

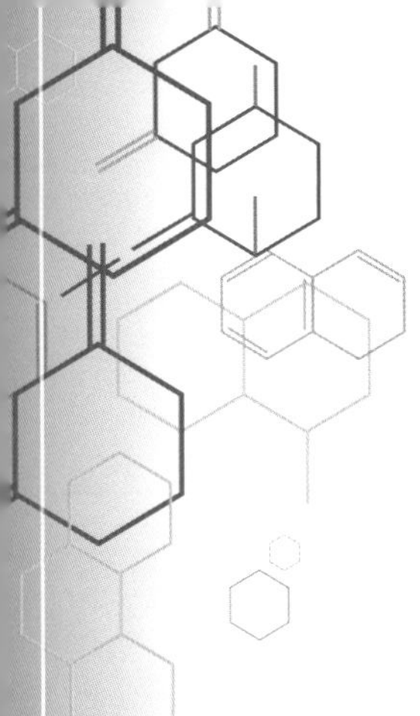

重要觀念建立 2-18

一化學反應式：碳酸鈣 + 鹽酸→氯化鈣 + 水 + 二氧化碳，若已知反應物中有鈣原子 40 個，則生成物中有多少個鈣原子？

(A) 10 個　(B) 20 個　(C) 30 個　(D) 40 個。

解析

答案：(B)

化學反應僅是原子的重新排列組合，因此反應前後的原子數目不改變。

重要觀念建立 2-19

用粒子的觀點說明物質發生變化，下列敘述何者錯誤？

(A) 在化學變化，原有的分子發生改變產生新分子

(B) 在化學變化，原子發生改變產生新原子

(C) 在化學變化，原子的排列結合方式會發生改變

(D) 在物理變化，原有的分子並未改變。

解析

答案：(B)

化學反應過程，並不產生新的原子，而是原子間重新排列組合新的分子。故選(B)。

重要觀念建立 2-20

已知氧化鈉中鈉與氧之原子數比爲 2：1，則鈉和氧反應產生氧化鈉的反應式，下列何者正確？【93. 基測 I】

(A) $2Na + O \rightarrow Na_2O$　(B) $Na_2 + O_2 \rightarrow 2NaO$

(C) $4Na + O_2 \rightarrow 2Na_2O$　(D) $Na + O_2 \rightarrow NaO_2$。

解 析

答案：(C)

根據題意，氧化鈉的原子數比為2：1，表示化學式為Na_2O。

而鈉與氧氣平衡後反應式為「$4Na + O_2 \rightarrow 2Na_2O$」。

故選(C)。

重要觀念建立 2-21

在空氣中點燃化合物 X 會進行如右的反應：$X + 2O_2 \rightarrow CO_2 + 2H_2O$，對化合物 X 的敘述，下列何者正確？

(A) X 爲無機化合物

(B) X 含碳、氫兩種元素

(C) X 與氧作用爲吸熱反應

(D) X 在此反應中爲助燃物。

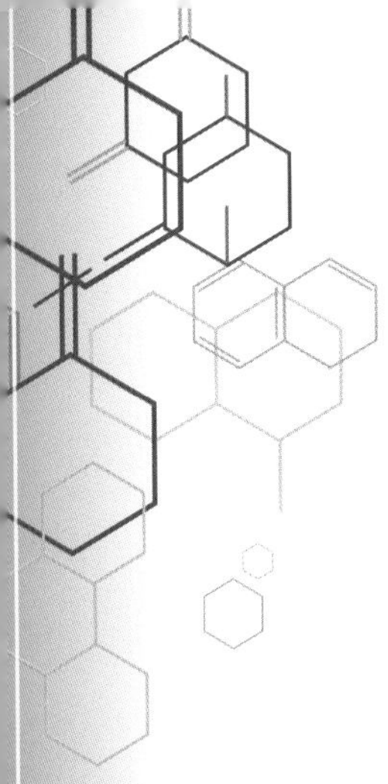

解析

答案：(B)

反應式中可以看出生成物有「二氧化碳」及「水」，根據「質量守恆」即可推論出與氧反應之反應物會含有「碳元素」及「氫元素」。

(A)「無機化合物」一般而言是不含碳元素之化合物。

(B)由實驗結果可知該化合物含有「碳元素」與「氫元素」。(A)含碳及氫的化合物可能為有機化合物或是無機化合物。

(C)燃燒為放熱反應。

(D)X在反應是左方，為反應物。

故選(B)。

重要觀念建立 2-22

碳氫化合物 C_xH_y 和氧（O_2）完全燃燒時的化學反應式如下：$C_xH_y + 5O_2 \rightarrow 3CO_2 + 4H_2O$，下列何者爲此碳氫化合物的名稱？【97. 基測 I】

(A) 甲烷　(B) 乙烷　(C) 丙烷　(D) 丁烷。

解析

答案：(C)

根據道耳頓的原子說「化學反應前後，為原子間的重新排列組合，故原子種類以及數目不改變。」C原子$x = 3 \times 1 = 3$，H原子$y = 4 \times 2 = 8$，C_3H_8為丙烷，故選(C)。

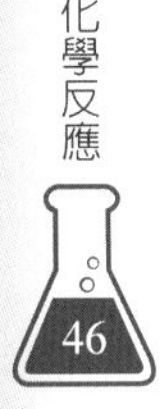

重要觀念建立 2-23

化合物甲與 HCl 作用之化學反應式爲：甲 + HCl → NaCl + H_2O + CO_2（反應式未平衡），則下列何者可能是化合物甲的化學式？【99. 基測Ⅱ】

(A) NaOH (B) $CaCO_3$ (C) Na_2CO_3 (D) Na_2SO_4。

解析

答案：(C)

根據道耳頓的原子說「化學反應前後原子種類以及數目不會改變。」，故可推之甲物質必由Na原子、C原子以及O原子所組成。故選(C)。

重要觀念建立 2-24

甲和乙反應產生化合物丙，結果如圖所示，則甲、乙、丙中共含有幾種原子？（●及○分別代表不同的原子）

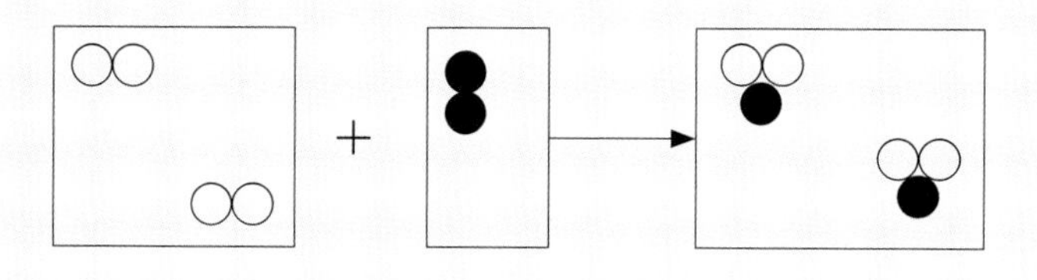

(A) 4 種 (B) 3 種 (C) 2 種 (D) 1 種。

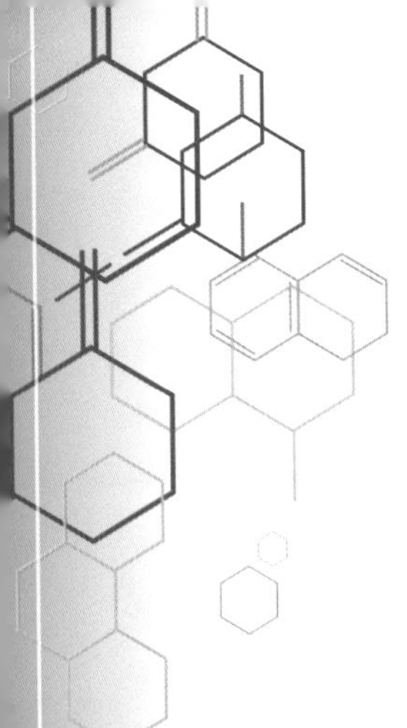

解析

答案：(C)

道耳頓的原子說提到「化學反應前後原子種類及數目不會改變。」，反應前有兩種原子，反應後亦有兩種原子。故選(C)。

重要觀念建立 2-25

老師在批改阿毛有關平衡化學反應式的作業時，發現阿毛作業中有一題的結果是錯誤的，請問應該是下列哪一題呢？

(A) $2Mg+O_2 \rightarrow 2MgO$ (B) $2H_2 + O \rightarrow 2H_2O$

(C) $2Fe + 3Cl_3 \rightarrow 2FeCl_2$ (D) $4Na + O_2 \rightarrow 2Na_2O$。

解析

答案：(C)

Fe為正三價離子，氯為負一價離子，$2Fe + 3Cl_2 \rightarrow 2FeCl_3$。故選(C)。

重要觀念建立 2-26

在反應式中的「$2CO_2$」的意義，下列何者正確？

(A) 2 個 C 原子與 1 個 O 原子，結合成 2 個分子

(B) 2 個 C 原子與 2 個 O 原子，結合成 2 個分子

(C) 2 個 C 原子與 4 個 O 原子，結合成 1 個分子

(D) 由 1 個 C 原子與 2 個 O 原子所結合的分子，共 2 個。

解析

答案：(D)

在反應式中，物質前的係數為「分子個數」，而原子右下角的數字為「原子個數」。而「$2CO_2$」由1個C原子與2個O原子所結合的分子，共2個CO_2分子。故選(D)。

重要觀念建立 2-27

木炭的主成分爲碳，在空氣中與氧燃燒的化學反應式爲：

$C + O_2 \rightarrow CO_2$。用下列哪一個圖形來説明此反應式最適合？

(A) 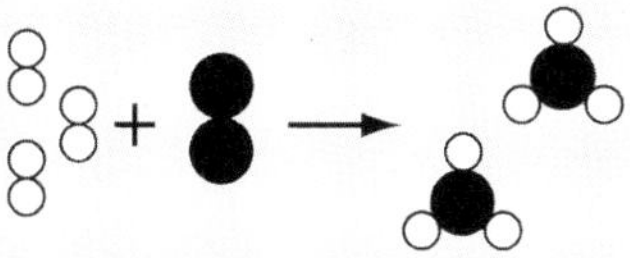 (B)

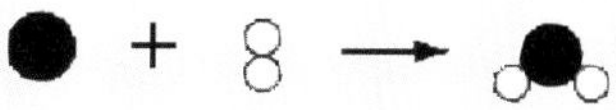

(C) 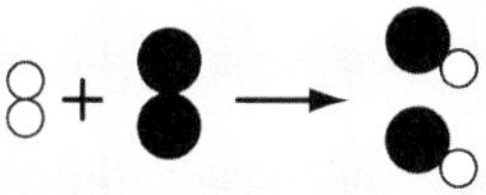 (D)

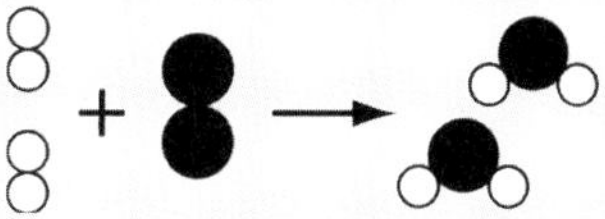

解析

答案：(B)

道耳頓的原子說提到「化學反應前後原子種類及數目不會改變。」，故選(B)。

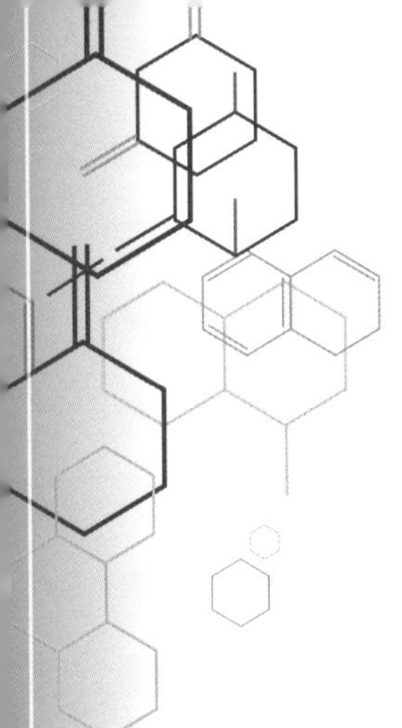

重要觀念建立 2-28

下列化學式何者正確？

(A) 硫酸銨：$(NH_2)_2SO_4$ (B) 蔗糖：$C_6H_{12}O_6$

(C) 硝酸鈉：Na_2NO_3 (D) 碳酸鈣：$CaCO_3$。

解析

答案：(D)

(A)硫酸銨：$(NH_4)_2SO_4$；(B)蔗糖：$C_{12}H_{12}O_{11}$；(C)硝酸鈉：$NaNO_3$。

故選(D)。

重要觀念建立 2-29

已知一莫耳氮分子（N_2）與兩莫耳氧分子（O_2）化合可生成兩莫耳甲分子，若以表氮分子，以表示氧原子，則下列何者可用來表示甲分子的結構？【94. 基測 I】

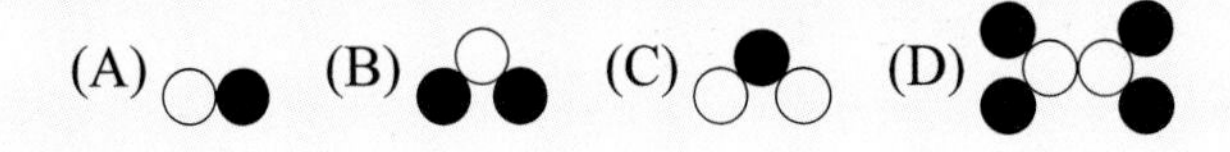

解析

答案：(B)

根據道耳頓原子說「反應前後原子數目及種類不變」，其反應式為N_2 + $2O_2 \rightarrow 2$甲，左式2xN + 4xO = 右式2甲，故甲為NO_2，故答案為(B)。

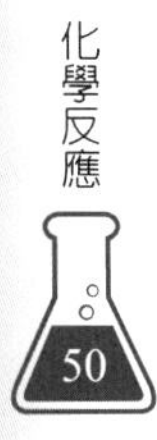

重要觀念建立 2-30

如圖爲雙氧水分解反應的示意圖。若以◯和●分別表示氧原子和氫原子，則圖中空格內應填入下列何者？【93. 基測Ⅰ】

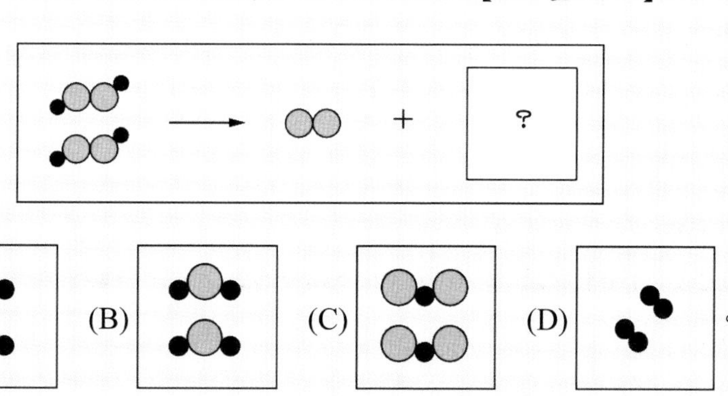

。

解析

答案：(B)

根據道耳頓原子說「化學反應前後原子種類、個數均不變。」

所以需有4個黑色原子 + 2個白色原子。故選(B)。

重要觀念建立 2-31

已知氧化鈉中鈉與氧之原子數比爲 2：1，則鈉和氧反應產生氧化鈉的反應式，下列何者正確？【93. 基測Ⅰ】

(A)$2Na + O \rightarrow Na_2O$　　(B)$Na_2 + O_2 \rightarrow 2NaO$

(C)$4Na + O_2 \rightarrow 2Na_2O$　　(D)$Na + O_2 \rightarrow NaO_2$。

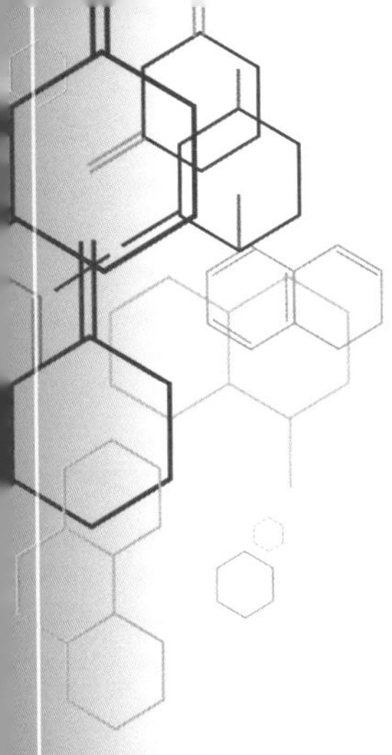

解 析

答案：(C)

根據題意Na與O之原子數比為2：1可知氧化鈉其化學式為Na_2O。

(A) 氧氣為雙原子分子，故為O_2表示。

(B) 反應式未平衡。其正確為$4Na + O_2 \rightarrow 2Na_2O$

(C) 正確

(D) 氧化鈉其化學式為Na_2O。

故選(C)。

重要觀念建立 2-32

附表爲常見的離子之表示法，則下列物質化學式何者正確？

【96. 基測 I】

(A) 氯化鈉爲 $NaCl_2$　(B) 硫酸鈣爲 SO_4Ca

(C) 碳酸鈉爲 $NaCO_3$　(D) 硝酸銨爲 NH_4NO_3。

陽離子	Na^+，Ca^{2+}，NH_4^+
陰離子	Cl^-，CO_3^{2-}，NO_3^-，SO_4^{2-}

解 析

答案：(D)

化合物書寫方式：

① 陽離子寫前面，陰離子寫在後方。

② 離子化合物必為電中性。故選(D)。

重要觀念建立 2-33

在製作麵食食品時，$(NH_4)_2CO_3$ 可作爲膨脹劑，因其在加熱分解時可產生氣體使麵團膨脹，其反應式爲：

$$(NH_4)_2CO_3 \rightarrow CO_2 + H_2O + 2X$$

反應生成的X爲一種具有刺激性氣味的氣體，則X爲下列何者？

【99. 基測 I】

(A) N_2　(B) NO_2　(C) NH_3　(D)SO_2。

解 析

答案：(C)

根據原子不滅定律「反應前後原子種類數目都不改變。」故反應前有N原子，反應後也出現。且具有刺激性氣味。故選(C)。

重要觀念建立 2-34

如表的內容爲甲、乙、丙、丁四種物質的分子示意圖，依據此表判斷下列化學反應式，何者最正確？【100. 聯測】

(A) 甲 + 2 丙→ 3 乙 + 丁　(B) 甲 + 2 丙 + 丁→ 3 乙

(C) 甲 + 丁→ 2 丙 + 3 乙　(D) 乙 + 2 丁→ 3 甲 + 丙。

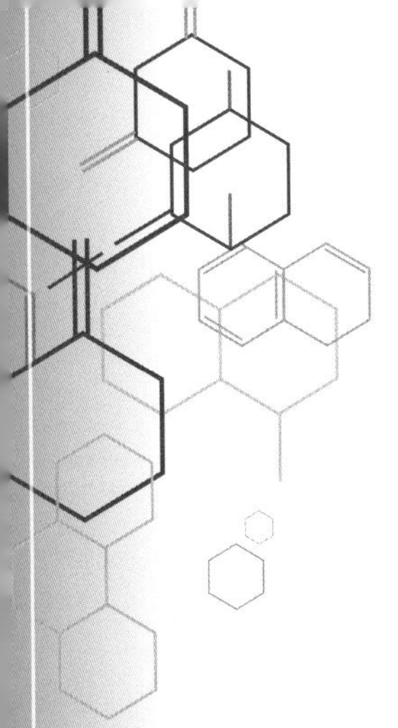

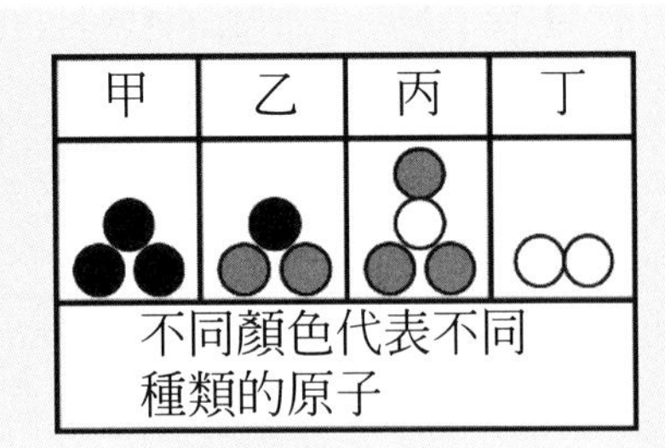

解析

答案：(A)

根據原子不滅定律「反應前後原子種類數目都不改變。」，反應式：甲有3個黑原子+2×（丙有3灰原子、1白原子）=3×（乙有1個黑原子、2個灰原子）+丁有2個白原子。故選(A)。

重要觀念建立 2-35

已知某固體純物質不會與水反應，在此固體上滴入數滴鹽酸後，有二氧化碳氣體產生，則此固體一定含有下列哪些元素？

【101. 基測】

(A) 碳和氫　(B) 碳和氧　(C) 氯和氫　(D) 氯和氧。

解析

答案：(B)

根據道耳頓原子說：「化學反應前後原子種類及數目不變。」在CO_2生成物中，含有C及O元素，但鹽酸（HCl）不含有C及O元素，故此物質必含有C及O元素。

故選(B)。

重要觀念建立 2-36

如圖爲甲、乙、丙三種分子的結構示意圖，甲、乙兩種分子可反應生成丙分子，若要生成 10 個丙分子，至少需要多少個甲分子和乙分子？【97. 基測II】

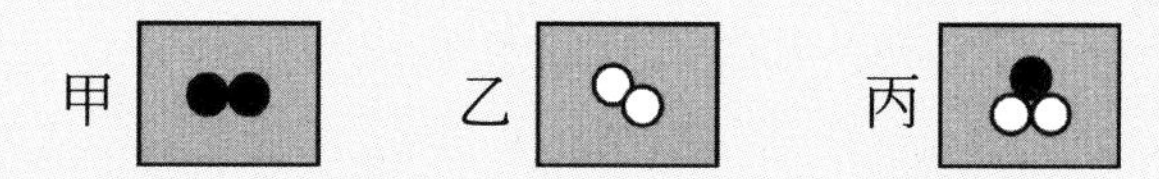

(A) 甲分子 5 個和乙分子 5 個
(B) 甲分子 5 個和乙分子 10 個
(C) 甲分子 10 個和乙分子 5 個
(D) 甲分子 10 個和乙分子 10 個。

解析

答案：(B)

根據道耳頓原子說「反應前後其原子個數及種類不變。」丙分子10個中，共需要10個黑色原子和20個白色原子。所以需要甲分子5個和乙分子10個。

故選(B)。

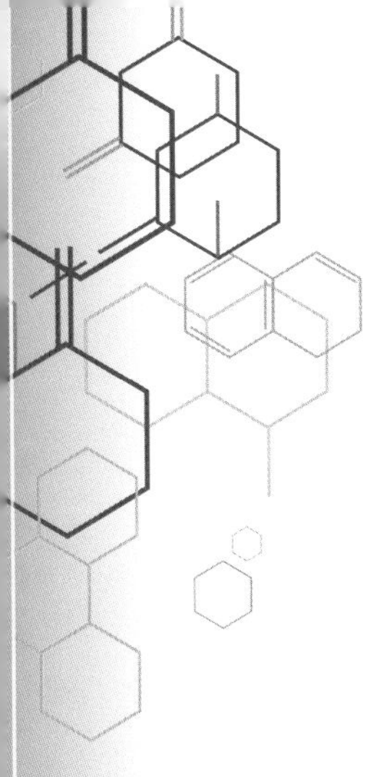

重要觀念建立 2-37

根據下列所提供的資料，回答下列問題：

大氣像一層覆蓋著地球表面的透明薄膜，離地面約 10 至 50公里之間的大氣為平流層，紫外線充足，有足量的空氣，構成產生臭氧的良好條件，因此大氣中 90% 的臭氧分布在此範圍內。臭氧層可吸收大部分的紫外線，離地面 25 公里附近臭氧濃度達到最高。

臭氧是由三個氧原子組成的彎曲形分子。來自太陽的高能量紫外線（UVB）可將大氣中的氧分子分解成氧原子，氧原子再與氧分子結合就形成臭氧並放出熱量。臭氧分子會吸收低能量紫外線（UVA）分解成氧原子與氧分子。其反應式如下：

$$O_2 \xrightarrow{UVB} 2O$$

$$O_2 + O \rightarrow O_3 + 能量$$

$$O_3 \xrightarrow{UVB} O_2 + O$$

人類若吸入臭氧會傷害肺部，造成呼吸困難，臭氧也會傷害農作物，造成農業損失。但在工業上卻可發揮其殺菌力，用來淨水及清潔蔬果。若這層臭氧層變稀薄，人類罹患白內障、皮膚癌及免疫系統障礙的機率將會增加。科學家發現自 1979 年開始，南極上空臭氧層的濃度有逐年減少的趨勢，此現象已引起全世界的重視。【93. 基測 I】

① 有關臭氧的分子組成，用下列哪一圖形來表示最適宜？（代表氧原子）

(A) 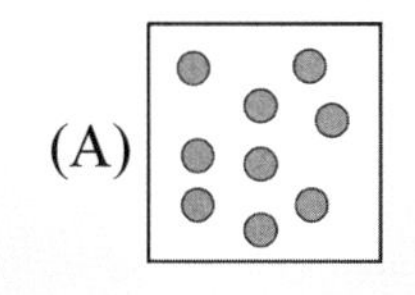 (B) 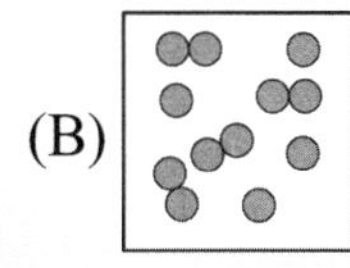 (C) 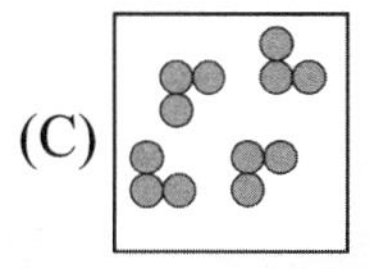 (D) 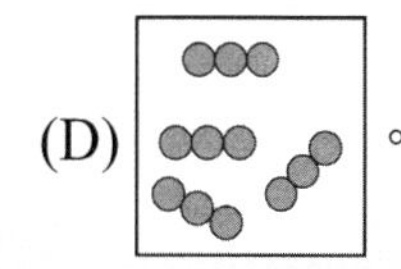。

② 有關臭氧的敘述，下列何者錯誤？

(A) 臭氧對人類的呼吸器官有害

(B) 臭氧可作爲游泳池水的消毒劑

(C) 臭氧濃度太高，會使農作物減產

(D) 急救時可直接提供臭氧讓病人呼吸。

③ 有關大氣中臭氧分布的敘述，下列何者正確？

(A) 大氣中 90% 的臭氧分布在由地面起至 25 公里高空的範圍內

(B) 臭氧大部分存在離地面 10 至 50 公里的範圍內，但分布不均勻

(C) 離地面 25 至 50 公里的高空，臭氧的分布隨高度的增加而增加

(D) 離地面 10 至 50 公里的範圍內，臭氧的分布隨高度的增加而降低。

解析

答案：①(C)；②(D)；③(B)

① 臭氧由3個O原子所組成，故選(C)。

② 人類若吸入臭氧會傷害肺部，造成呼吸困難，故選(D)。

③ (A)臭氧分布在由地面算起25公里處，並非均勻分布在這範圍內。故選(B)。

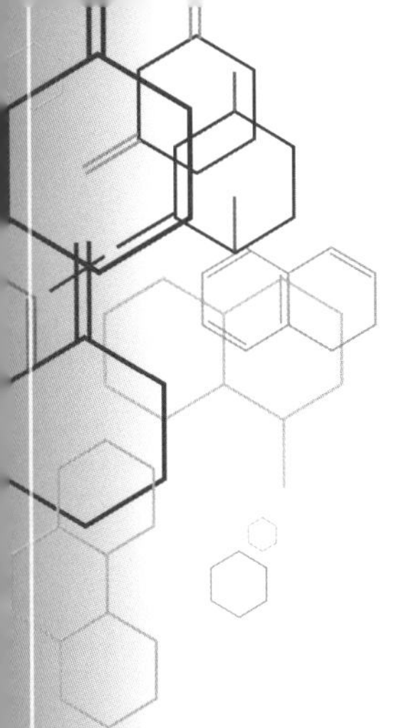

重要觀念建立 2-38

設 X、Y、Z 分別代表三種相異元素，若下列爲已平衡之化學反應式：$XZ_2 + 2Y \rightarrow 2$ 甲 $+ X$，則依據道耳頓原子說，甲的化學式爲下列何者？【91. 基測 I】

(A) YZ (B) YZ_2 (C) Y_2Z (D) Y_2Z_2。

解析

答案：(A)

根據道耳頓的原子說「化學反應前後其原子種類及數目不變」

及係數比為分子個數比：

由此定義，反應後 2甲＝2×Y＋2×Z，所以甲為YZ。故選(A)。

線上文字講堂：

原子結構

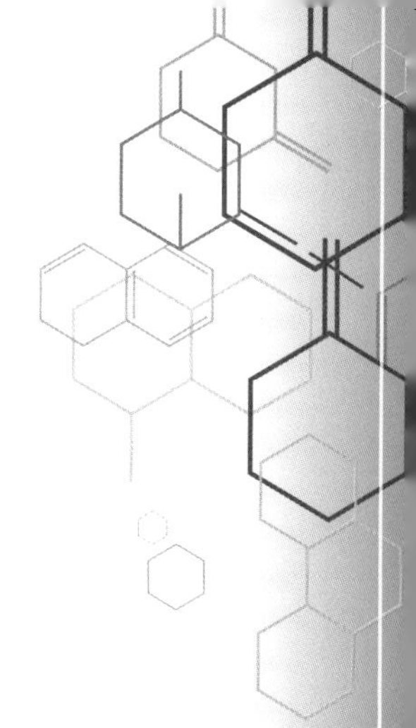

3 質量守恆之實驗題型

許威老師在大考結束之後舉辦了火鍋慶功大會。隨著大家歡愉的慶祝氛圍，許威老師指著火鍋說：「在課堂上我們提過，一般而言排除核反應不談，自然界中的化學反應，都遵守質量守恆，沸騰的火鍋湯底，因爲我們沒蓋上蓋子，所以水已轉變成爲水蒸氣跑走了，若蓋上一個密封的蓋子，就遵守質量守恆囉！」手上夾著火鍋料的小杜同學邊說：「不！質量一樣會減少，因爲我已經用我的嘴巴把火鍋料給消滅了！」語畢，大家跟許威老師笑成一片。

在質量守恆的題目內，最常出現的爲實驗題型：

判斷實驗裝置爲「開放系統」或爲「封閉系統」。

開放系統：其實驗裝置與外界環境有連接。

※ 在題目中常以「開蓋」來表示系統的開放。

封閉系統：實驗裝置爲密閉與外界環境無連接。

「氣體反應物」+「封閉裝置」= 總質量不變。

「氣體反應物」+「開放裝置」= 總質量增加。（氣體反應物從外界環境源源不絕的進入。）

「氣體生成物」+「封閉裝置」= 總質量不變。

「氣體生成物」+「開放裝置」= 總質量減少。（氣體生成物飄散到外界環境中。）

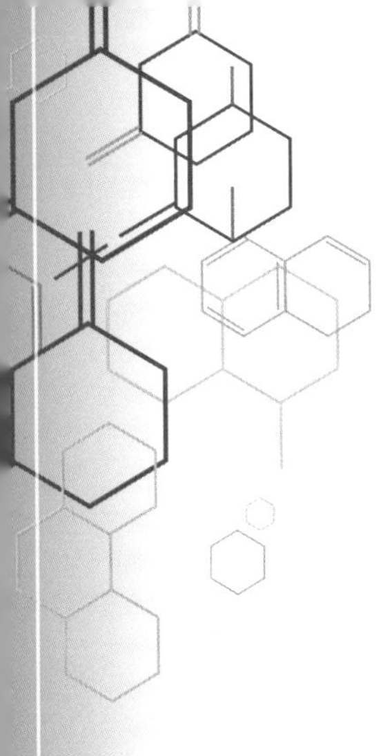

實例一：鋼絲絨與氧反應產生三氧化二鐵

$$4Fe + 3O_2 \rightarrow 2Fe_2O_3$$（O_2爲氣體反應物）

在「封閉裝置」進行實驗，總質量不變。
在「開放裝置」進行實驗，總質量增加。（O_2從外界環境中取得。）

實例二：碳酸鈣與鹽酸反應產生二氧化碳

$$CaCO_3 + 2HCl \rightleftharpoons CaCl_2 + H_2O + CO_2$$（CO_2爲氣體生成物）

在「封閉裝置」進行實驗，總質量不變。
在「開放裝置」進行實驗，總質量減少。（CO_2飄散到外界環境中。）

重要觀念建立 2-39

將大理石和裝有鹽酸的燒杯一起放在天平上測其質量，如圖所示。然後把大理石放入燒杯中，一段時間後再以同一天平測其質量，有關此實驗結果之預測，下列敘述何者正確？

【93. 基測Ⅱ】

(A) 大理石和鹽酸不發生反應，故質量不變
(B) 大理石和鹽酸發生反應，但質量與反應前一樣
(C) 大理石和鹽酸發生反應，但質量比反應前減小
(D) 大理石和鹽酸發生反應，但質量比反應前增加。

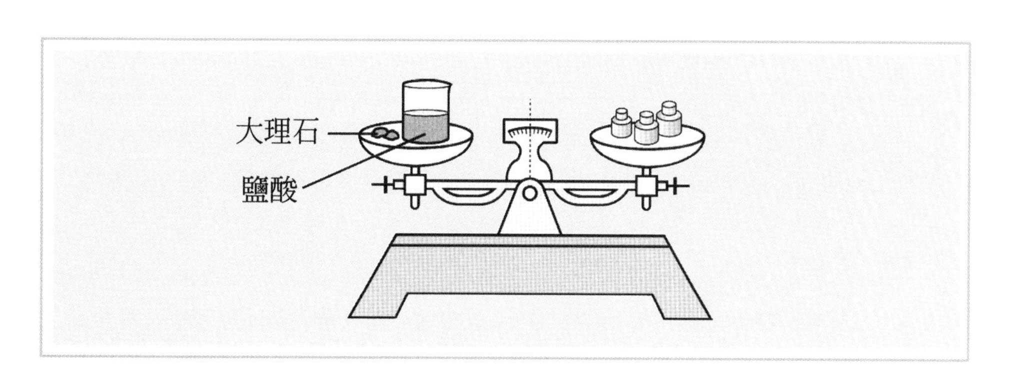

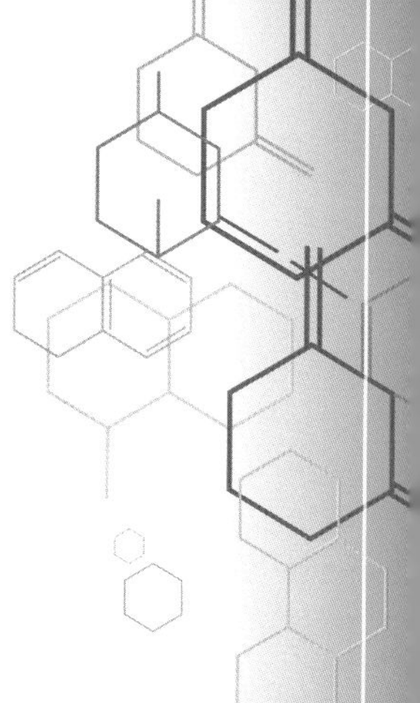

解析

答案：(C)

其大理石與鹽酸的反應會產生二氧化碳，其反應是如下：

$CaCO_3+2HCl \rightleftharpoons CaCl_2+H_2O+CO_2$，其產物為氣體，且燒杯為開放系統，所以產生的二氧化碳會逸散，質量比反應前減少。故選(C)。

線上及時講堂：
煙火的焰色

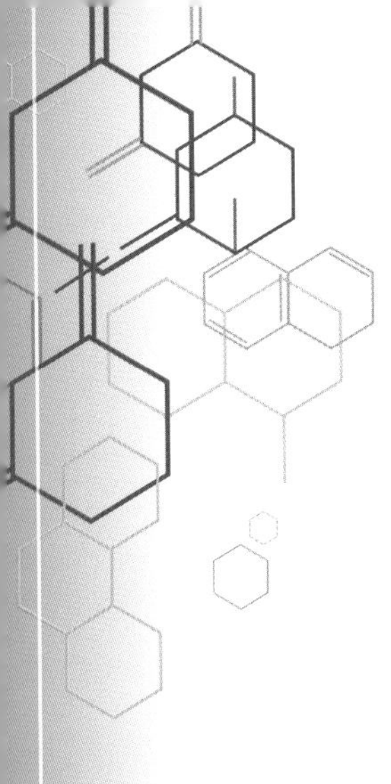

本章學習重點

1. 「質量守恆」為化學反應中重要的原則之一，其內容為：「物質與物質間發生的化學反應，其總質量在反應前後並不會改變，不會增加也不減少。主要是轉換其存在形式。」也就是**「反應物總質量=生成物總質量」**。至今其定義僅適用在「化學變化」與「物理變化」，並不適用在「核反應」（核反應遵守的為質能守恆定律）。
2. 道耳吞的「原子說」其內容說明到：在化學反應發生中，為物質內原子的重新排列組合形成新的物質（**新分子**），原子並不會轉變成其他原子，其**「種類」**及**「數目」**都不會改變。所以道耳頓的**「原子說」**也可以拿來說明「質量守恆」的概念。
3. 在質量守恆的題目內，最常出現的為：判斷實驗裝置為「開放系統」或為「封閉系統」。所謂**「開放系統」**，即其實驗裝置與外界環境有連接。（在題目中常以「開蓋」來表示系統的開放。）而**「封閉系統」**，就是實驗裝置為密閉與外界環境無連接。
   (1) 「氣體反應物」+「封閉裝置」=總質量不變。
   (2) 「氣體反應物」+「開放裝置」= 總質量增加。（氣體反應物從外界環境源源不絕的進入。）
   (3) 「氣體生成物」+「封閉裝置」=總質量不變。
   (4) 「氣體生成物」+「開放裝置」= 總質量減少。（氣體生成物飄散到外界環境中。）

學習上易犯錯的地方與注意事項

1. 質量守恆與反應式係數是不相干的！例如：12公克A物質恰與30公克B物質完全反應，其反應式為$3A + B \rightarrow 2C$，則產生之C物質為42克（12＋30），不須理會方程式係數。

   但若計算分子量，就與係數有關。例如：已知X、Y和Z是三種不同的純物質，若X和Y反應可生成Z，化學反應式為$X + 3Y \rightarrow 2Z$，X分子量為28，Y分子量為2，則Z分子量即為34（$28 + 3 \times 2 = 17 \times 2$）。

2. 原子圖形題為原子說在質量守恆的應用！

   例如：甲和乙反應產生化合物丙，結果如圖所示，則甲、乙、丙中共2種原子，經重新排列組合成新的分子，但反應前後種類與數目不變。

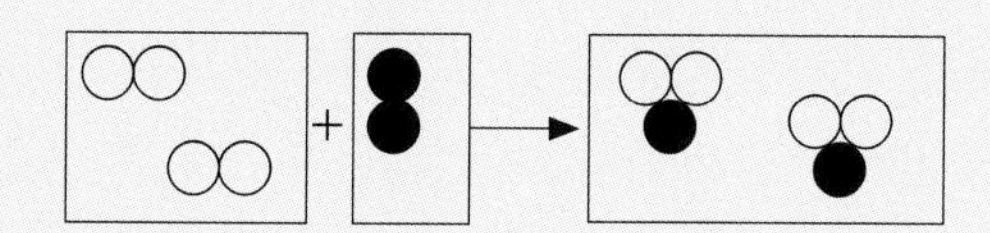

3. 實驗題型以「關鍵字」來判斷系統的狀態。如實驗裝置為「開放系統」或為「封閉系統」。

   實例一：鋼絲絨與氧反應產生三氧化二鐵

   在「封閉裝置」進行實驗，總質量不變，在「開放裝置」進行實驗，總質量增加。（O_2從外界環境中取得。）

   實例二：碳酸鈣與鹽酸反應產生二氧化碳

   在「封閉裝置」進行實驗，總質量不變，在「開放裝置」進行實驗，總質量減少。（CO_2飄散到外界環境中。）

   在「封閉裝置」進行實驗，總質量必不變！

第三章 原子量、分子量、莫耳

本章導讀

原子量、分子量與莫耳彼此互相的關係？

莫耳的意義與使用目的？

「莫耳濃度」如何使用？

定比定律與倍比定律在說明甚麼？

在這章節需要數學計算，再加上需要了解質量、個數、莫耳的彼此關係，非常多的學生會被搞得暈頭轉向，此章會爲你們解決所有迷惑。

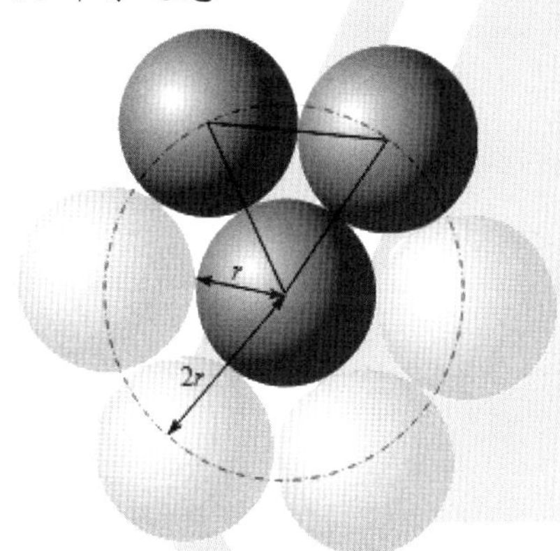

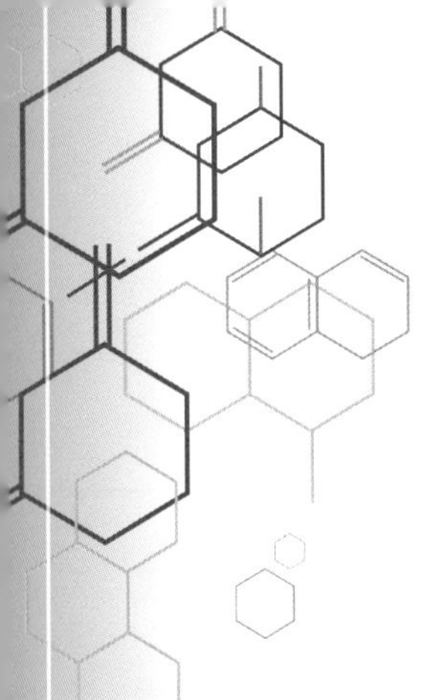

學習概念圖

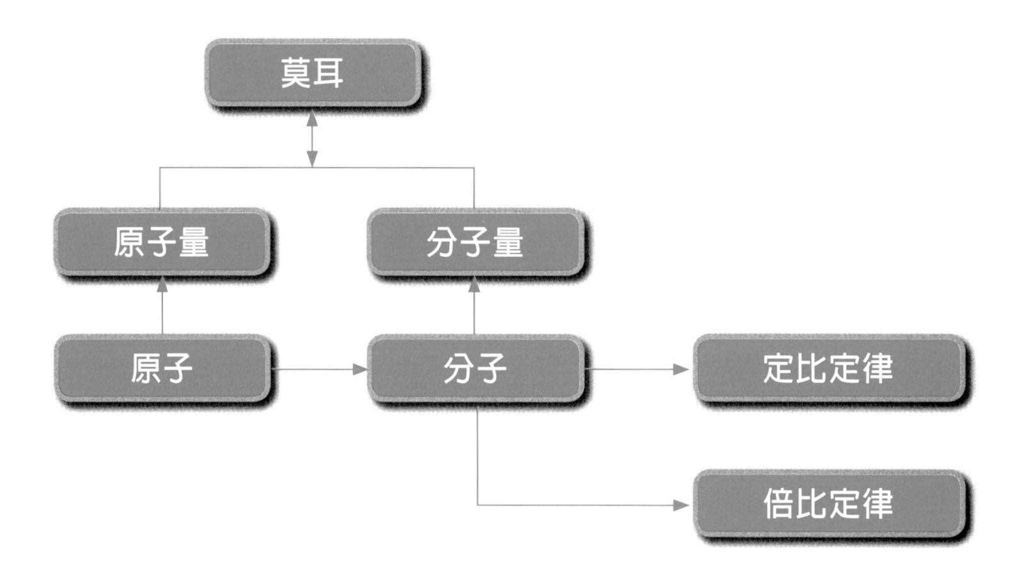

1 原子量與分子量

已經升上高中的珊珊與老師聊天說道：「剛剛老師提到『原子的質量是各個原子與碳12做個比較的相對質量，也由於是比較的數據，所以並沒有單位。』就讓我想到小時候常跟同學玩蹺蹺板，個子小的同學沒辦法跟我維持蹺蹺板的平衡，甚至要兩個同學一起才有辦法，若我是碳12，則有些同學是氫原子、卻無氧原子啊。」老師驚嘆的說：「你身材並不胖啊。怎麼會有這樣的體認呢？」殊不知小的時候珊珊可是個大胖妹呢！還眞的是女大十八變！

物質都具有質量，當然原子和分子也不例外。在19世紀初，英國的道耳頓就已經提出了這個概念，他說：「同一種元素有同一種質量，不同元素有不同質量。」

因爲原子的質量非常小，若使用公斤爲單位，對於計算和使用上我們會非常的不方便，所以我們使用相對質量（與^{12}C做比較）來表示原子的質量。

舉個常見的例子：

H的原子量 = 1

C的原子量 = 12

O的原子量 = 16

S的原子量 = 32

分子是由多個原子所組成，分子量就是其組成原子的原子量總合。

舉個常見的例子：

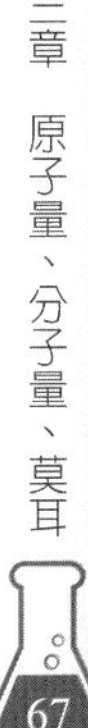

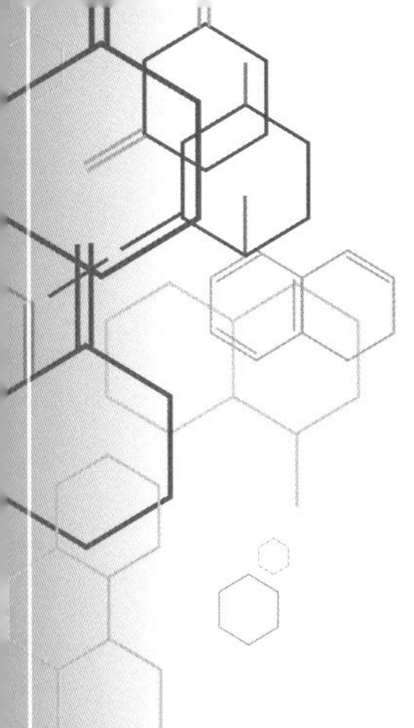

H_2O的分子量 = 2個H + 1個O

= 18

$C_6H_{12}O_6$的分子量 = 6個C + 12個H + 6個O

= 180

H_2SO_4的分子量 = 2個H + 1個S + 4個O

= 98

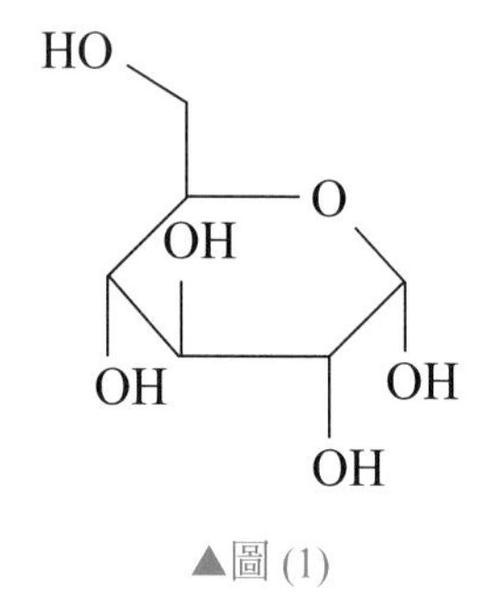

▲圖 (1)

▲圖 (2)

重要觀念建立 3-1

甲分子的結構如附圖所示，其中每一個球皆代表一個原子。若此原子每一個的質量爲一個碳原子質量的$\frac{4}{3}$倍，且碳的原子量爲12，則甲的分子量爲下列何者？

(A) 16　(B) 27　(C) 36　(D) 48。

解析

答案：(D)

這題目非常的簡單，首先，我們要先以現有條件解出甲原子的原子量為多少。

一個甲原子的原子量為碳原子的$\frac{4}{3}$倍，所以得知原子量為

甲原子量 = 12×(4 / 3) = 16

最後我們要求的是「甲分子」，一個甲分子有三個甲原子，所以答案很容易地被我們解出來了。

甲分子量 = 3個甲原子 = 3×16 = 48

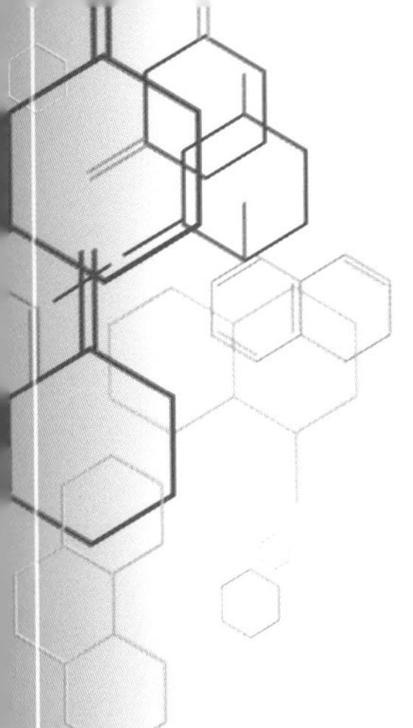

重要觀念建立 3-2

某物質之分子式爲 XO_2，若該化合物之分子量爲 64，則 X 可能爲下列哪一種原子？（原子量：S = 32，P = 31，O = 16，N = 14，C = 12）

(A) S　(B) P　(C) N　(D) C。

解析

答案：(A)

這題目其實就是非常簡單的數學計算題，題目給了我們XO_2分子量，

X	O_2
（未知）	(16)×2

所以 X 的未知原子量能被我們很輕鬆地算出來。

XO_2 = （未知） + 32 = 64

（未知） = 32（S）

線上文字講堂：

原子量與莫耳

2 莫耳與莫耳濃度

「好～同學，今天講的是莫耳。其實莫耳跟我們日常生活中的許多量詞是一樣的道理。提到一手啤酒、一打汽水，我們自然而然就會想到一手為6罐、一打為12瓶，那莫耳也為相同的道理，只是數字我們定義他為6.02×10^{23}個。以方便我們在科學上對原子的數目進行計算。」就在下課後，默默收到一張同學寫的字條：「老師！我以後要賺『一莫耳』的錢！」老師心裡想著：「賺錢很好，但是品德也是很重要的啊！」

莫耳是一種物質的量的單位，而一莫耳的物質所含的粒子個數為**亞佛加厥常數**（註1）6.02×10^{23}個，也相當於原子量（分子量）的公克重。

莫耳、原子量（分子量）與個數之間的關係，老師做了個概念圖如下：

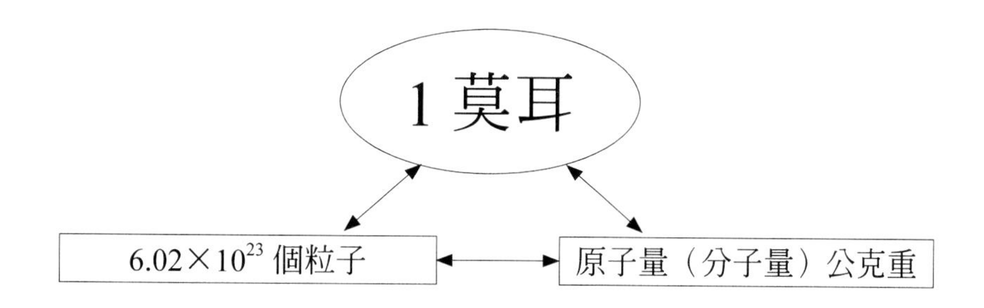

舉個例子：

【對於原子】1莫耳的碳，相當於有6.02×10^{23}個碳原子，重12公克

【對於分子】1莫耳的水，相當於有6.02×10^{23}個水分子，重18公克

體積莫耳濃度是我們在化學領域中常使用的一種濃度單位，定義為溶質的莫耳數除以溶液的體積，表示如圖：

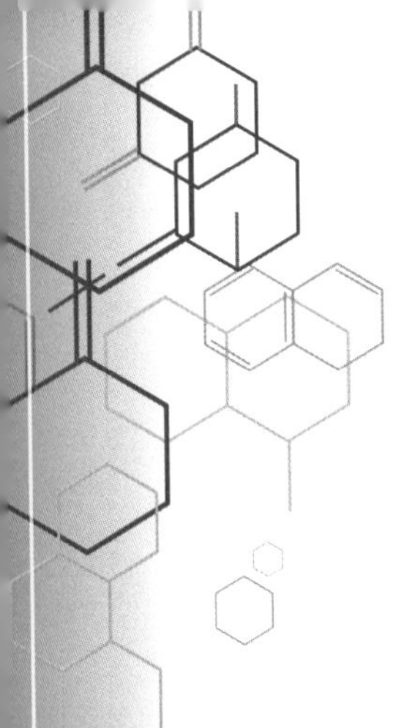

$$1M（莫耳濃度）= \frac{1\ mol\quad（溶質莫耳數）}{1\ 公升\quad（溶液體積）}$$

重要觀念建立 3-3

(a) 2.4×10^{24} 個 HNO_3 分子；(b) 1.6 莫耳 H_2O 分子；(c) 4.8×10^{23} 個 O_3 分子；(d) 2 莫耳 H_2SO_4 分子；以上這四種分子，何者之質量最大？

(A) a (B) b (C) c (D) d。

解析

答案：(C)

針對比大小的題目，老師會使用統一單位去攻略此題。

※質量 = 莫耳數×原子量（分子量）

【先換成莫耳數】

(a) 2.4×10^{24}個HNO_3分子 = 4莫耳

6.02×10^{23}個HNO_3分子 = 1莫耳

2.4×10^{24}個HNO_3分子 = 4莫耳

(b) 1.6莫耳H_2O分子

(c) 4.8×10^{23}個O_3分子 = 0.8莫耳

(d) 2莫耳H_2SO_4分子

【再轉成質量】

(a) 4莫耳HNO_3分子 = 4×63 = 252公克

※N原子量 = 14

(b) 1.6莫耳H_2O分子 = 1.6×18 = 28.8公克

(c) 0.8莫耳O_3分子 = 0.8×48 = 38.4公克

(d) 2莫耳H_2SO_4分子 = 2×98 = 196公克

重要觀念建立 3-4

附圖爲小娟配製食鹽水溶液的步驟示意圖。已知鈉和氯的原子量分別爲 23 與 35.5，她最後所配製的食鹽水溶液，其體積莫耳濃度最接近下列何者？（註：體積莫耳濃度，又稱莫耳濃度 1 L 量瓶：表示溶液至刻度線時其體積恰爲 1L）　【100 年基測 2】

(A) 1M　(B) 0.1M　(C) 0.01M　(D) 0.001M。

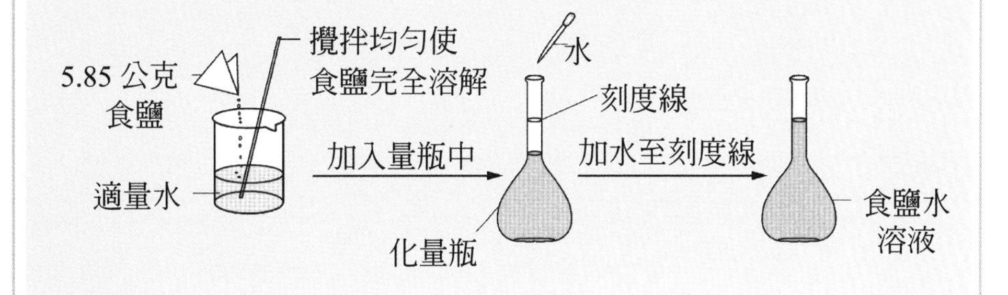

解析

答案：(B)

首先我們要先解題目給了我們甚麼條件，加入了溶質食鹽（NaCl）5.85公

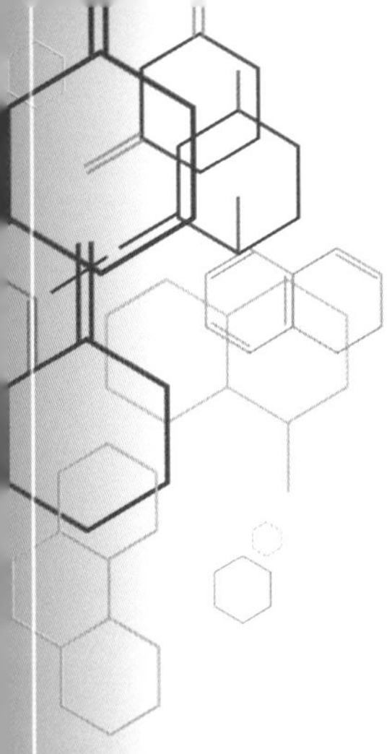

克，最後加水配成1公升的溶液。

根據體積莫耳濃度的算法，溶質的莫耳數除以溶液的體積，所以先把食鹽5.85公克，莫耳數 = 5.85／58.5 = 0.1 mol

加水至刻度處恰為1公升。

所以體積莫耳濃度 = 0.1mol／1公升 = 0.1M

線上及時講堂：

溫度與溶解度

3 定比定律與倍比定律

「老師！你在測量甚麼？怎麼這麼久？」同學們滿臉疑惑的問著。

「我正在調配上課必要的化學藥劑，這樣才不會浪費原料呀。」王翰老師愉快的答覆並講解著手上使用的藥品特性。

「不是差不多就好了嗎？」一個男同學的聲音從眾人中冒出，王翰老師一邊做著手上的工作一邊說道：「我們今天要使用的藥劑是由一定比例的質量所組成的，如果我們今天加多了或加少了都會造成浪費，地球只有一個，珍惜資源當然要從自己做起啊。」老師稍微停頓一下，看著同學，繼續又說：「提到所謂一定的『比例』，老師就簡單的講解比例的計算方法，讓你們好好了解一番！」

定比定律，在西元1799年由法國的科學家普魯斯特研究化合物組成而提出。內容說明了，一個化合物，不論其來源或配製方法為何，其化合物所組成的元素間都有一定的質量比。

舉個例子：

水的組成為氫和氧，且質量比恆為1：8，不論使用甚麼方法形成。

$$H_2O$$

$$1\times2：16$$

$$=1：8$$

倍比定律，在西元1803年，英國的科學家發現碳和氧可以形成兩種不同的化合物，且這兩種化合物中的碳和氧相對質量比不同而提出。

若有兩元素可以形成兩種或兩種以上的化合物，在這些化合物中，將

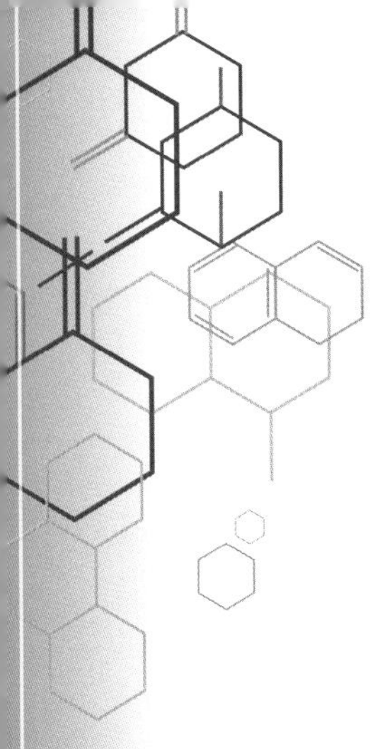

其中一種元素的質量固定，則另一元素的質量會成簡單整數比

舉個例子：

碳（C）和氧（O）可形成一氧化碳與二氧化碳兩種化合物，當碳的質量固定，一氧化碳與二樣化碳中的氧元素質量比爲1：2。

化合物＼質量	C：O
一氧化碳 CO	3：4
二氧化碳 CO_2	3：8

重要觀念建立 3-5

由兩元素 A 與 B 所組成的化合物 A_2B 與化合物 AB_2，若化合物 A_2B 的重量百分組成爲 60% 的 A 與 40% 的 B，則化合物 AB_2 的重量百分組成與下列哪個選項最接近？

(A) 27%A 與 73%B (B) 35%A 與 65%B

(C) 40%A 與 60%B (D) 50%A 與 50%B。

解析

答案：(A)

一般的參考書會使用很多的數學式子去做複雜的計算，這裡老師用清楚又簡單的表格法讓你們輕輕鬆鬆的看懂如何去計算此題。

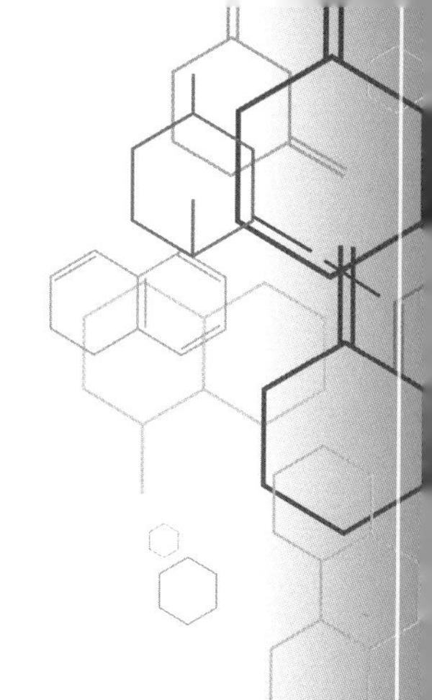

第一步，先把已知的條件帶入表格之中。

	A	B
A_2B	60%	40%
AB_2		

第二步，我們固定A元素，假設當他們有相同質量，會發現B的最簡單質量比為1：4，也能求得AB_2中的質量比例。

	A	B
A_2B	60%	40%
A_2B_4	60	140

質量比〔1：4〕

第三步，答案是要我們求得AB_2的重量百分組成。

	A	B
A_2B	60%	40%
AB_2	$\frac{60}{220}$	$\frac{160}{220}$

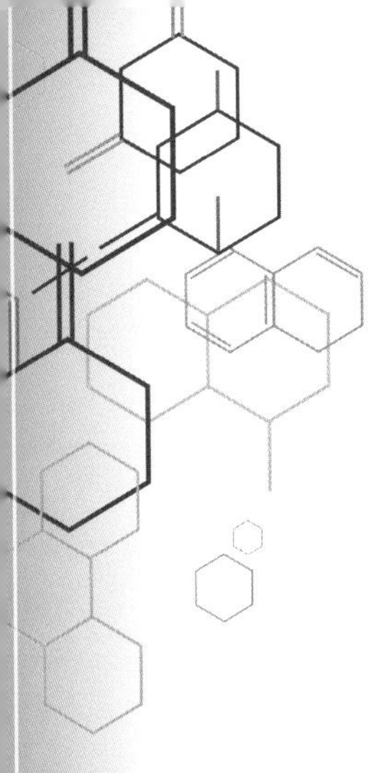

重要觀念建立 3-6

甘胺酸的分子式爲 $C_2H_5O_2N$，則下列何者是 0.5 莫耳甘胺酸中所含元素的質量？（原子量 C = 12，H = 1，O = 16，N = 14）

▲甘胺酸

(A) 氧 32 公克　(B) 氮 14 公克　(C) 碳 12 公克　(D) 氫 5 公克。

解 析

答案：(C)

很多同學算整個化物的質量會算但是卻不懂得怎麼去求出組成元素的質量。老師在這邊帶領你們怎麼去破解此題。

1 個 $C_2H_5O_2N$ 分子	1 莫耳 $C_2H_5O_2N$ 分子 75g	0.5 莫耳 $C_2H_5O_2N$ 分子 37.5g
組成：	組成：	組成：
2 個 C	C：24g	C：12g
5 個 H	H：5g	H：2.5g
2 個 O	O：32g	O：16g
1 個 N	N：14g	N：7g

1. 各個種類的原子都有其原子量，如氫的原子量是1、氦的原子量是4……等，分子量即是組成之原子的原子量總和。
2. 莫耳對於同學們來說是一個新的單位，要注意莫耳指的是個數，而後可以延伸出有多少質量是可以簡單計算出來的。
3. 定比定律其意義在於，一個化合物，不論用甚麼方法產生，其組成的元素間都有一定的質量比。
4. 倍比定律，在學習的時候要熟練井字法，並按照書中所講述的步驟練習，就可以學起來了。

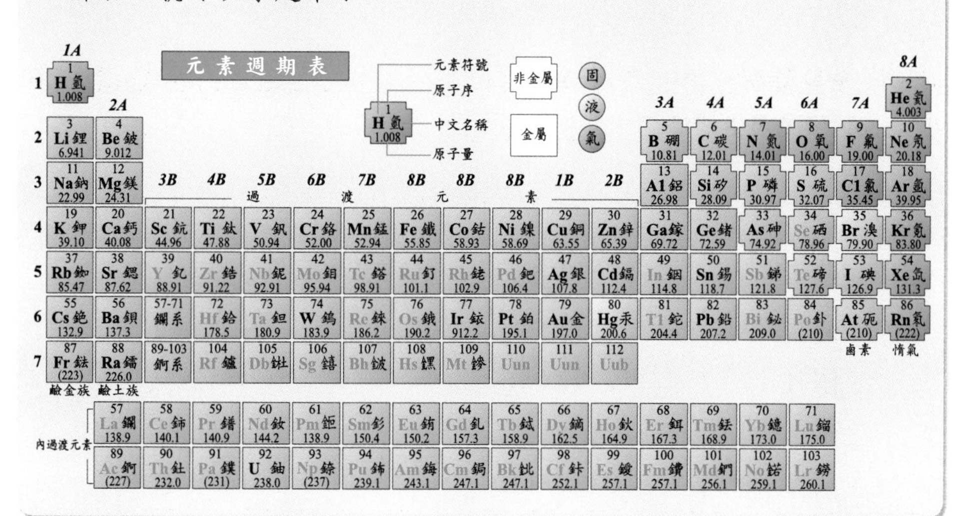

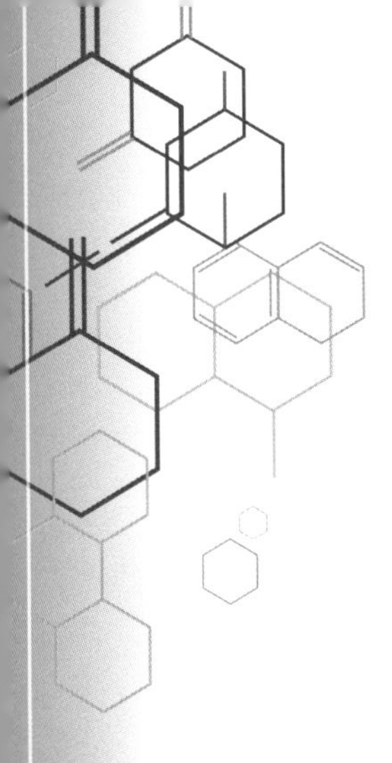

學習上易犯錯的地方與注意事項

1. 在計算分子量時小心原子的個數以及有（　）出現需要乘進去！
2. 莫耳為「個數」的單位，並非質量或是體積單位！
3. 莫耳濃度計算分母需換算成「公升」！
4. 莫耳的三角轉換一定要熟記，這樣才不會混亂。

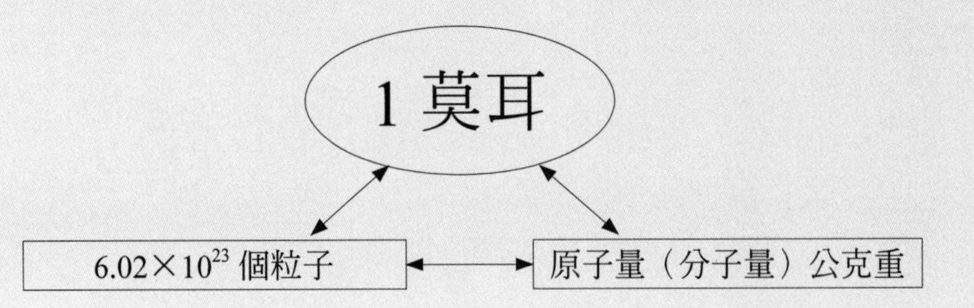

倍比定律練習時，耐心的按照步驟來，不然很容易出錯喲。

第四章 化學計量

本章導讀

化學式中的數字到底代表什麼意思？是質量？是個數？還是莫耳數？莫急莫慌莫害怕，一一訴說給你聽，看完這章，就只是「一塊蛋糕（a piece of cake）」，小事一樁啦。

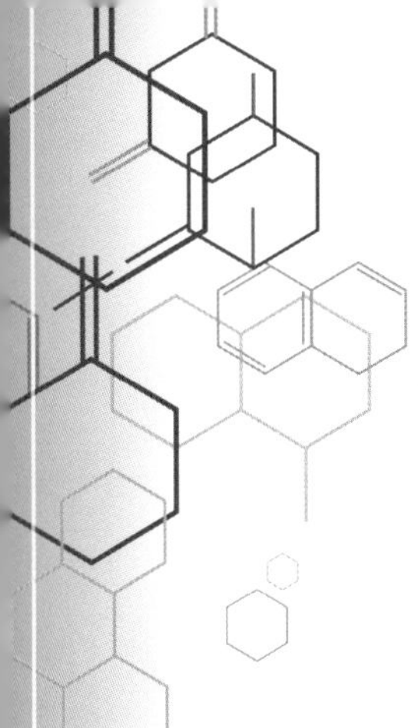

學習概念圖

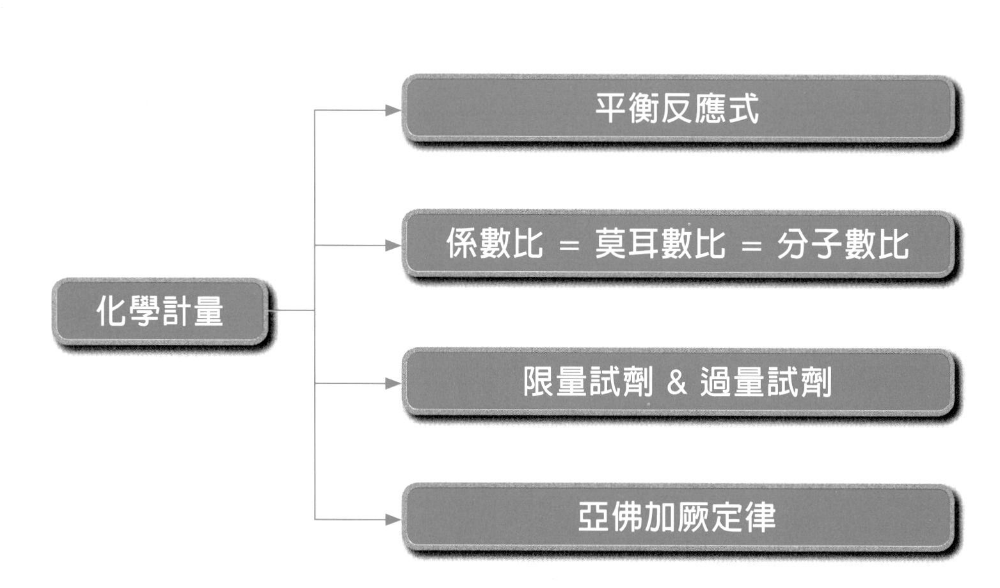

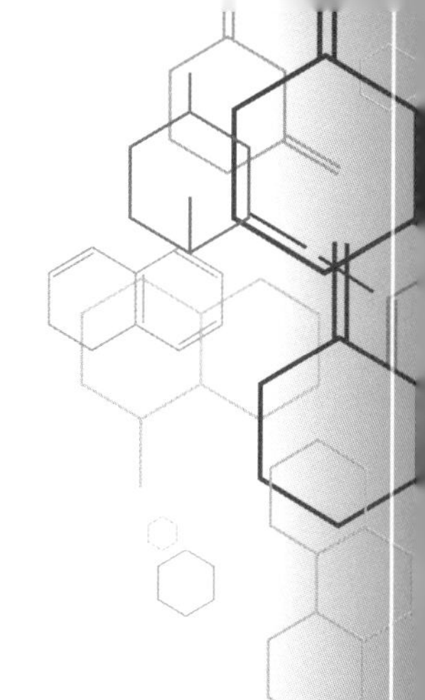

1 平衡反應式

在教科書上寫著枯燥的平衡反應式方法，讓阿棟覺得煩悶就拿出了手機，開始玩起最愛的「數獨」遊戲：「唉，還是數獨好玩，填個數字判斷其他方向是否合適。」老師看到了說：「阿棟啊，其實平衡反應式就跟你玩數獨一樣呢！把握原則：根據係數把左右原子數目調整成相同後，其實也是相當有趣的！」經過老師教授幾個秘訣之後，阿棟誇下海口說：「其實平衡反應式還挺有趣的，我以後要開發出一款『平衡反應式數獨APP』！」

平衡反應式的原則如下：

化學反應式的係數意義：

(1) 使反應前後**原子種類**及**數目相等**。（符合質量守恆定律）

(2) **係數比** = **分子數比** = **莫耳數比**。

(3) 若反應物及生成物都是氣**體**時：**係數比** = **體積比**。

化學反應的三大守恆：

1. **質量守恆（原子不滅）**：道耳頓的「原子說」提到在化學反應裡，僅牽涉到原子間的排列組合，故反應前後原子的「數目」以及「種類」均不變。
2. **能量守恆**：在化學反應中，能量的形式是可以經過轉變的，但總能量不會增加也不會減少。
3. **總電荷不滅**：化學反應前後，水溶液中離子所帶的總電荷量不改變。

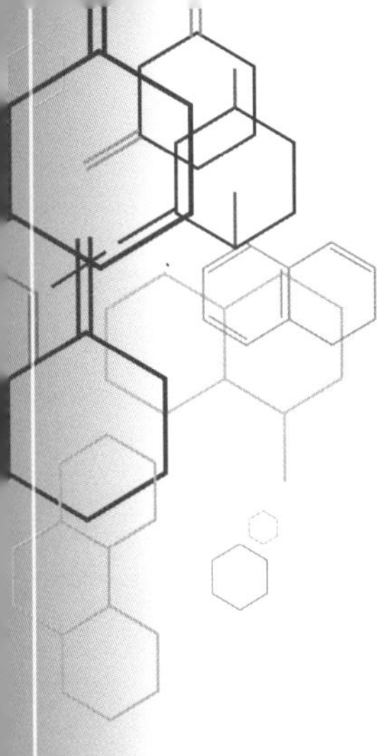

實例一：鎂與氧反應產生氧化鎂

1. 列出反應方程式：

   使用適合的化學式來表示反應物以及生成物。

   反應物鎂（Mg）與氧（O_2）進行反應產生生成物氧化鎂（MgO）

   化學反應方程式列式如右：$Mg + O_2 \rightarrow MgO$

2. 平衡反應方程式：

   反應式需遵守「質量守恆」以及道耳頓「原子說」，所以我們必須在反應物與生成物的化學式前加上適當的係數，使反應式兩邊的相同的原子其數目相等（質量守恆、原子不滅）。

   反應式$Mg + O_2 \rightarrow MgO$，

   (1) 在反應物中的2個O原子而生成物卻只有1個O原子，欲使反應前後O原子數目相同，所以將生成物MgO的係數改爲「2」，使的反應物有2個氧原子，生成物也有2個氧原子。

   反應式變成：$Mg + O_2 \rightarrow$「2」MgO

   (2) 已經平衡完O原子數目，接下來因爲箭頭右方變成了「2」個鎂原子。再平衡箭頭左方Mg原子，所以將其係數改爲「2」後，反應物有「2」個Mg原子，生成物也有「2」個Mg原子。

   反應式再變爲：「2」$Mg + O_2 \rightarrow 2MgO$

   最後完成「質量守恆、原子不滅」：

   反應物原子數＝生成物原子數。

實例二：氯化銨與氫氧化鈣反應產生氯化鈣、氨與水。

1. 列出反應方程式：

   使用適合的化學式來表示反應物以及生成物。

   反應物氯化銨（NH_4Cl）與氫氧化鈣（$Ca(OH)_2$）進行反應產生生成物氯化鈣（$CaCl_2$）、氨（NH_3）和水（H_2O）。

   化學反應方程式列式如右：$NH_4Cl + Ca(OH)_2 \rightarrow CaCl_2 + NH_3 + H_2O$

2. 平衡反應方程式：

   反應式需遵守「質量守恆」以及道耳頓「原子說」，所以我們必須在反應物與生成物的化學式前加上適當的係數，使反應式兩邊的相同的原子其數目相等（質量守恆、原子不滅）。

   化學反應方程式：$2NH_4Cl + 1Ca(OH)_2 \rightarrow 1CaCl_2 + 2NH_3 + 2H_2O$，

3. 先用觀察發現生成物有「2」個Cl原子，故將NH_4Cl的係數改成「2」。所以$CaCl_2$的係數就爲「1」。

   化學反應方程式變成：$2NH_4Cl + Ca(OH)_2 \rightarrow 1CaCl_2 + NH_3 + H_2O$，

4. 在生成物中的2個O原子而生成物卻只有1個O原子，欲使反應前後O原子數目相同，所以將生成物MgO的係數改爲「2」，使的反應物有2個氧原子，生成物也有2個氧原子。

   反應式變成：$Mg + O_2 \rightarrow$「2」MgO

5. 已經平衡完O原子數目，接下來因爲箭頭右方變成了「2」個鎂原子。再平衡箭頭左方Mg原子，所以將其係數改爲「2」後，反應物有「2」個Mg原子，生成物也有「2」個Mg原子。

   反應式再變爲：「2」$Mg + O_2 \rightarrow 2MgO$

   最後完成「質量守恆、原子不滅」：

   反應物原子數 = 生成物原子數。

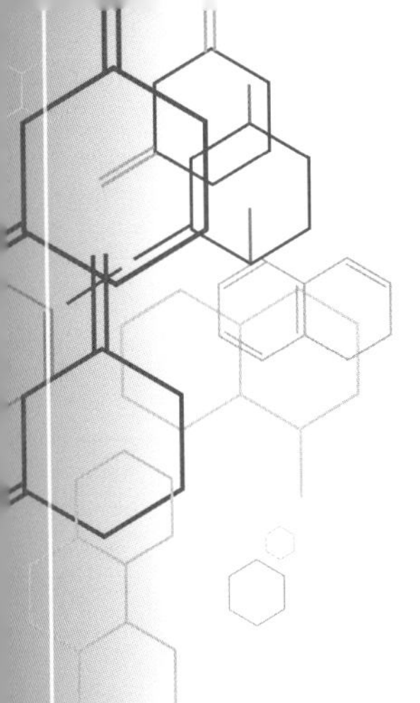

重要觀念建立 4-1

光合作用的化學反應式爲 $CO_2 + H_2O \rightarrow C_6H_{12}O_6 + O_2$（未平衡）。其反應式中的生成物係數總和應爲多少？

(A) 6　(B) 7　(C) 8　(D) 9。

解析

答案：(B)

$6CO_2 + 6H_2O \rightarrow 1C_6H_{12}O_6 + 6O_2$，1 + 6 = 7。故選(B)。

重要觀念建立 4-2

化學反應式：$NaHCO_3 + H_2SO_4 \rightarrow Na_2SO_4 + CO_2 + H_2O$ 平衡後，其係數總和爲何？

解析

答案：8

① 先選定看似最複雜、原子種類、數目較多的物質使之係數為「1」。（本題選定Na_2SO_4）

$NaHCO_3 + H_2SO_4 \rightarrow 1Na_2SO_4 + CO_2 + H_2O$

② 利用$1Na_2SO_4$，再確認左式物質，調整係數，使之左右兩邊的數目相同。（右式有2xNa、1xS，故需使左式也有相同的原子數目。）

$2NaHCO_3 + 1H_2SO_4 \rightarrow 1Na_2SO_4 + CO_2 + H_2O$

③ 最後利用左式，再平衡右式剩下的物質係數。

$2NaHCO_3 + 1H_2SO_4 \rightarrow 1Na_2SO_4 + 2CO_2 + 2H_2O$

故係數總和：2 + 1 + 1 + 2 + 2 = 8

重要觀念建立 4-3

銅置於濃硫酸中加熱反應的化學反應式如下：

$$Cu + H_2SO_4 \xrightarrow{\Delta} CuSO_4 + SO_2 + H_2O$$

經平衡後，係數爲最簡單整數時，生成物的係數總和爲下列何者？【95. 基測 I】

(A) 3　(B) 4　(C) 5　(D) 6。

解析

答案：(B)

① 先選定看似最複雜、原子種類、數目較多的物質使之係數為「1」。（本題選定$CuSO_4$）

$$Cu + H_2SO_4 \xrightarrow{\Delta} 1CuSO_4 + SO_2 + 2H_2O$$

② 利用$1CuSO_4$，再確認左式物質，調整係數，使之左右兩邊的數目相同。（右式有1xCu、1xS，故需使左式也有相同的原子數目。）

$$Cu + 2H_2SO_4 \xrightarrow{\Delta} CuSO_4 + SO_2 + 2H_2O$$

③ 最後利用左式，再平衡右式剩下的物質係數。

$$Cu + 2H_2SO_4 \xrightarrow{\Delta} CuSO_4 + SO_2 + 2H_2O$$

係數總和：1 + 1 + 2 = 4。故選(B)。

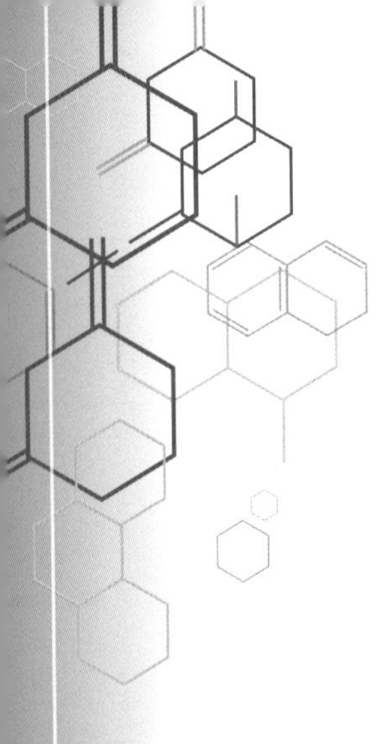

2 係數比=莫耳數比=分子數比

「5、4、3、2、1……新年快樂！」隨著節目主持人倒數結束，台北的101大樓將釋放五顏六色的高空煙火，許威老師與朋友們仰望著天空的煙火，一旁的小朋友問著父母說：「媽媽，為什麼煙火可以有這麼多顏色呢？」見著媽媽皺著眉頭說不出話來，許威老師便摸摸小朋友的頭說著：「小朋友啊，煙火這麼漂亮這麼多顏色是因為燃燒了不同的金屬，其中最亮眼的『強白光』，就是燃燒一種金屬叫做『鎂』，燃燒後變成『氧化鎂』！」孩子綻放著恍然大悟的眼神，媽媽也跟許威老師點了個頭表示感謝。

化學計量：在剛剛鎂燃燒生成氧化鎂的反應中，其反應式為$2Mg + O_2 \rightarrow 2MgO$。**代表2個Mg原子，會與1個$O_2$分子反應生成2個MgO分子。所以反應是的係數比=分子個數比。事實上，參與反應的粒子數目很多，所以用先前介紹的「莫耳數」來當作計量單位，所以反應式中的「係數比=莫耳數比」。所以2莫耳Mg原子，會與1莫耳O_2分子反應生成2莫耳MgO分子。**

以下以圖示表示：

化學反應式：	$2Mg+O_2 \rightarrow 2MgO$
係數比	2：1：2
＝分子數比	2：1：2
＝莫耳數比	2：1：2

但是「係數比≠質量比」，因為各個物質其分子量都不一樣，故質量不同，不可以與係數比一起討論，需統一轉換成「莫耳數」來計算。

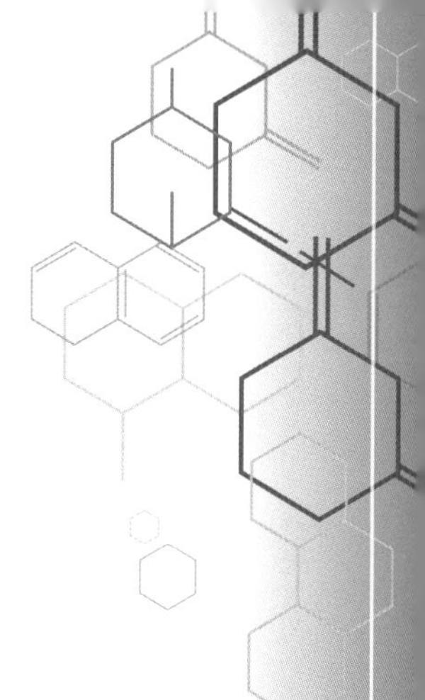

重要觀念建立 4-4

24 公克的碳燃燒可以產生多少公克的二氧化碳？

解 析

① 先寫出該反應之反應式並平衡之：

$C + O_2 \rightarrow CO_2$

係數比1：1：1

= 分子數比1：1：1

= 莫耳數比1：1：1

② 計算出碳的莫耳數。

質量 / 原子量 = 莫耳數，24/12 = 2 (mole)

③ 利用化學反應式的係數，計算出所產生二氧化碳的莫耳數。

C：CO_2

= 1：1 =2 (mole)：CO_2 (mole)

CO_2 = 2 (mole)

④ 將二氧化碳的莫耳數轉換成質量。

CO_2質量 = 質量 / 原子量 = 莫耳數，CO_2質量 / 44 = 2(mole)

CO_2質量 = 88(g)，即為所求。

重要觀念建立 4-5

將 1 莫耳的鈉與水反應生成氫氣的實驗中，請問可以產生幾個氫氣分子？

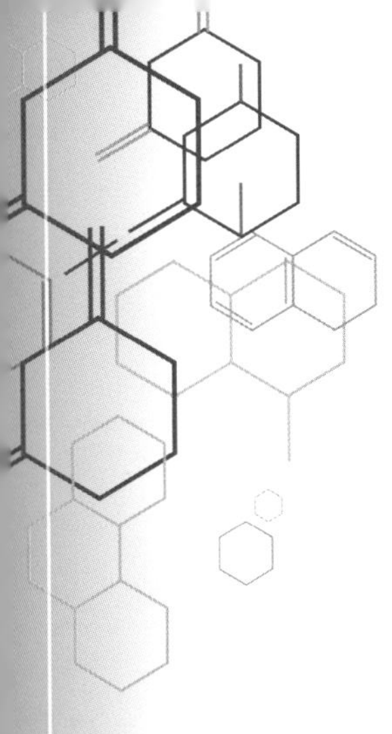

解析

① 先列出其化學反應式並平衡之：

$2Na+2H_2O \rightarrow H_2 + 2NaOH$

② 計算出鈉的莫耳數：

Na = 1 (mole)

③ 利用化學反應式的係數，計算出所產生氫氣的莫耳數。

Na：H_2

= 2：1 =1 (mole)：H_2 (mole)

H_2 = 0.5 (mole)

④ 將氫氣的莫耳數轉換成分子個數。

$0.5 \times 6 \times 10^{23} = 3 \times 10^{23}$（個），即為所求。

重要觀念建立 4-6

鎂和氧加熱生成氧化鎂，鎂用去 30g，請問必須用去氧多少 g？

(A) 10g (B) 20g (C) 30g (D) 40g。

解析

答案：(B)

其反應式為$2Mg + O_2 \rightarrow 2MgO$，根據化覺計量「係數比 = 莫耳數比」，

2：1 = 30/24：X/32，即X = 20（公克）。故選(B)。

重要觀念建立 4-7

有一物質含有 10 公克的氫元素及 24 公克的碳元素，則在空氣中完全燃燒，將消耗多少公克的氧氣？

(A) 34 公克　(B) 44 公克　(C) 124 公克　(D) 144 公克。

解 析

答案：(D)

化學計量中「係數比 = 莫耳數比」，又「質量 / 分子量 = 莫耳數」

氫氣燃燒 $2H_2 + O_2 \rightarrow 2H_2O$　$H_2 : O_2 = 2 : 1 = 10/2 : X/32$ ，X = 80(g)

碳燃燒 $C + O_2 \rightarrow CO_2$　$C : O_2 = 1 : 1 = 24/12 : Z/32$ ，Z = 64(g)

80 + 64 = 144(g)

故選(D)。

重要觀念建立 4-8

氫氣與氮氣反應產生氨，其反應式爲：$N_2 + 3H_2 \rightarrow 2NH_3$，若將 56 公克的氮分子與 6 公克的氫分子混合反應，試問最多可以產生多少公克的氨分子？（N = 14；H = 1）

(A) 68　(B) 62　(C) 34　(D) 17。

解 析

答案：(C)

化學計量中，反應式「係數比 = 莫耳數比」，其反應式為：$N_2 + 3H_2 \rightarrow 2NH_3$，反應後會產生2莫耳的氨氣，即34公克。故選(C)。

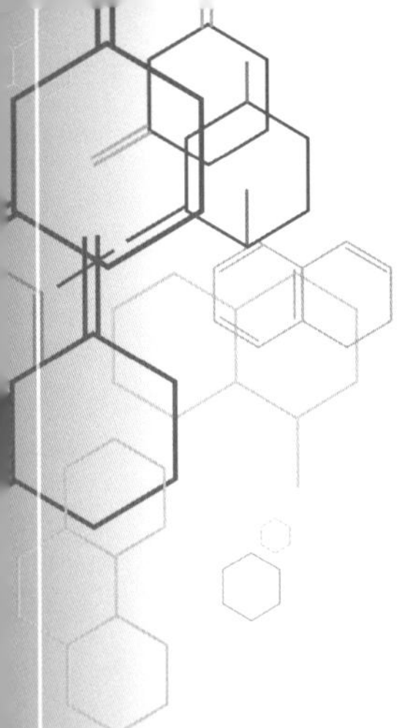

重要觀念建立 4-9

甲烷（CH_4）與丙烷（C_3H_8）在充足的氧氣下完全燃燒反應，反應式如下，其反應式皆未平衡。$CH_4 + O_2 \rightarrow CO_2 + H_2O$，$C_3H_8 + O_2 \rightarrow CO_2 + H_2O$。若各取 1.0 莫耳的甲烷與丙烷使其完全燃燒，則下列敘述何者正確？【94. 基測 I】

(A) 燃燒所產生二氧化碳的質量比爲 1：3

(B) 燃燒所產生水蒸氣的莫耳數比爲 1：3

(C) 燃燒所需氧氣的莫耳數比爲 1：3

(D) 兩氣體的質量比爲 1：3。

解析

答案：(A)

先將反應平衡：$CH_4 + 2O_2 \rightarrow CO_2 + 2H_2O$，

$C_3H_8 + 5O_2 \rightarrow 3CO_2 + 4H_2O$。

根據化學計量：「反應是係數比 = 分子數比 = 莫耳數比」，以及「質量 / 分子量 = 莫耳數」。

(A) CO_2質量比為1：3

(B) H_2O的莫耳數比為1：2

(C) 所需氧氣的莫耳數比為2：5

(D) 兩氣體的質量比為4：11。

故選(A)。

重要觀念建立 4-10

取相同質量的氫、鎂及碳燃燒成氧化物時，試問哪一個物質所需的氧氣最多？（Mg = 24）

(A) 氫 (B) 鎂 (C) 碳 (D) 三者所需氧氣一樣多。

解 析

答案：(A)

化學計量中「係數比 = 莫耳數比」

假設都取1公克來參與反應，

氫氣燃燒 $2H_2+O_2 \rightarrow 2H_2O$　　$H_2：O_2$ = 2：1 = 1/2：X/32 ，X = 8(g)

鎂燃燒 $2Mg+O_2 \rightarrow 2MgO$　　$Mg：O_2$ = 2：1 = 1/24：Y/32，Y = 2/3(g)

碳燃燒 $C+O_2 \rightarrow CO_2$　　$C：O_2$ = 1：1 = 1/12：Z/32 ，Z = 8/3(g)

故選(A)。

重要觀念建立 4-11

氫氣和氧氣混合後點火燃燒生成水蒸氣，其反應式為：$2H_2 + O_2 \rightarrow 2H_2O$。將容器抽成真空後，導入氫氣和氧氣各 1.0 莫耳，點火使其完全反應。對於容器內剩餘物質的敘述，下列何者正確？【98. 基測 I】

(A) 剩餘氧氣 0.5 莫耳 (B) 剩餘氧氣 0.25 莫耳

(C) 剩餘氫氣 0.5 莫耳 (D) 剩餘氫氣 0.25 莫耳。

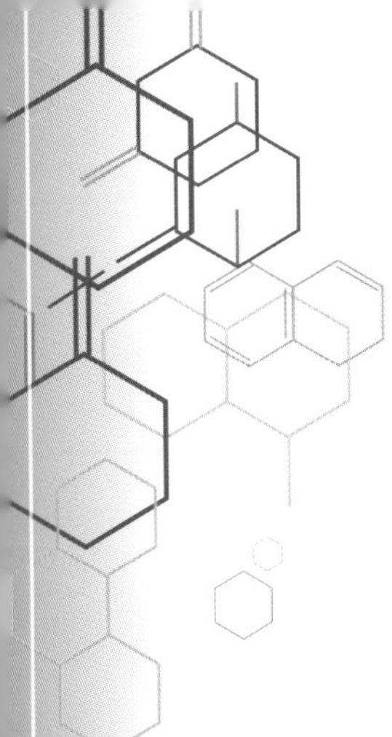

解析

答案：(A)

在化學計量中，反應式係數比 ＝ 莫耳數比。H_2：O_2 ＝ 2：1，表示1 mole的H_2，需要0.5 mole的O_2。所以O_2剩餘1 − 0.5 ＝ 0.5mole。

故選(A)。

重要觀念建立 4-12

二氧化碳生成的化學反應式如下：$C + O_2 \rightarrow CO_2$，由此反應式可推知下列何種資訊？【97. 基測Ⅱ】

(A) 化學反應的速率

(B) 各物質反應的濃度大小

(C) 各物質反應時的質量比

(D) 反應進行所需要的溫度。

解析

答案：(C)

在化學計量中我們知道，化學反應式的係數比 ＝ 莫耳數比，而質量 ＝ 莫耳數×分子量。

$C + O_2 \rightarrow CO_2$

係數比：1：1：1

故質量比為1×C原子量：1×O_2分子量：1×CO_2 ＝ 1×12：1×32：1×44 ＝ 3：8：11。

故選(C)。

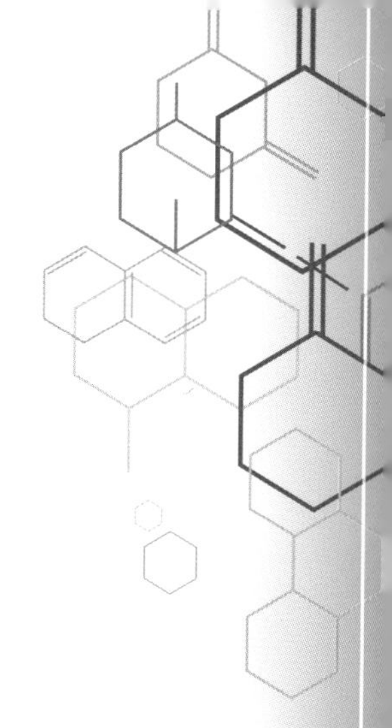

重要觀念建立 4-13

氨與鹽酸作用可生成氯化銨，其化學反應式爲NH_3 + HCl → NH_4Cl，請問 34 公克氨與足量的鹽酸作用，可生成多少公克的氯化銨？（原子量：N = 14、H = 1、Cl = 35.5）

解析

答案：107g

先將34g的NH_3換成莫耳數，34/17 = 2 (mole)。

在依據反應式係數比 = 莫耳數比，NH_3：NH_4Cl = 1：1 = 2：X，

X = 2 (mole)，2 mole的NH_4Cl = Y/53.5，Y = 107(g)。

重要觀念建立 4-14

乙醇在充足的氧氣下，燃燒產生水與二氧化碳。已知氫的原子量爲 1，碳的原子量爲 12，氧的原子量爲 16。點燃盛有 100 公克乙醇的酒精燈，在充足的氧氣下燃燒，一段時間後，還餘有 54 公克的乙醇，此段時間燃燒所排放的二氧化碳應爲多少公克？【100. 基測Ⅱ】

(A) 44　(B) 46　(C) 88　(D) 92。

解析

答案：(C)

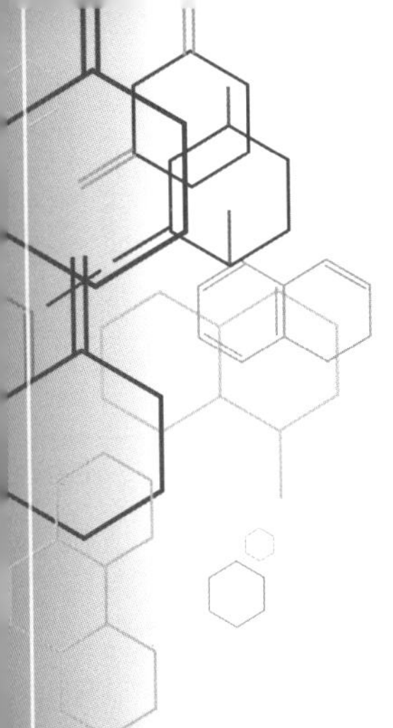

① 先列出化學反應式：

$C_2H_5OH + O_2 \rightarrow CO_2 + H_2O$，再依照左邊原子種類數目 = 右邊原子種類數目平衡之，可得

$C_2H_5OH + 3O_2 \rightarrow 2CO_2 + 3H_2O$

② 根據題意所消耗的C_2H_5OH為100 − 54 = 46(g)，再換算成莫耳數 46/46 = 1(mole)。

③ 依照反應方程式，係數比 = 莫耳數比，C_2H_5OH：CO_2 = 1：2 = 1(mole)：CO_2(mole)，故產生2mole的CO_2。

④ 莫耳換算質量，莫耳數×分子量 = 質量，2×44 = 88(g)。故選(C)。

重要觀念建立 4-15

已知 CO_2、CH_3COOH、$C_6H_{12}O_6$ 的分子量分別爲 44、60、180，且 CH_3COOH、$C_6H_{12}O_6$ 兩者在充足的空氣下完全燃燒，皆只得到 CO_2 和 H_2O。若取等質量的 CH_3COOH、$C_6H_{12}O_6$ 分別進行燃燒，完全反應後，所得到的 CO_2 質量比爲何？　【101. 基測】

(A) 1：1　(B) 1：3　(C) 1：9　(D) 3：1。

解析

答案：(A)

先列出「乙醇燃燒」以及「葡萄糖燃燒」之反應式，並平衡之。

$CH_3COOH + 2O_2 \rightarrow 2CO_2 + 2H_2O$

$C_6H_{12}O_6 + 6O_2 \rightarrow 6CO_2 + 6H_2O$

設CH_3COOH以及$C_6H_{12}O_6$皆取X公克。

根據質量／分子量＝莫耳數，

可得CH_3COOH有X/60mole，$C_6H_{12}O_6$有X/180mole。

根據化學反應式之係數比＝莫耳數比＝分子數比，

而反應式係數比為CH_3COOH：CO_2＝1：2，$C_6H_{12}O_6$：CO_2＝1：6

其莫耳數比為CH_3COOH：CO_2＝X/60：X/60 x 2，$C_6H_{12}O_6$：CO_2＝X/180：X/180×6

再帶入質量＝莫耳數×分子量，

故CH_3COOH燃燒與$C_6H_{12}O_6$燃燒所產生的CO_2質量比為

X/60×2×44：X/180×6×44＝1：1，故選(A)。

線上及時講堂：

有意思的科學小物

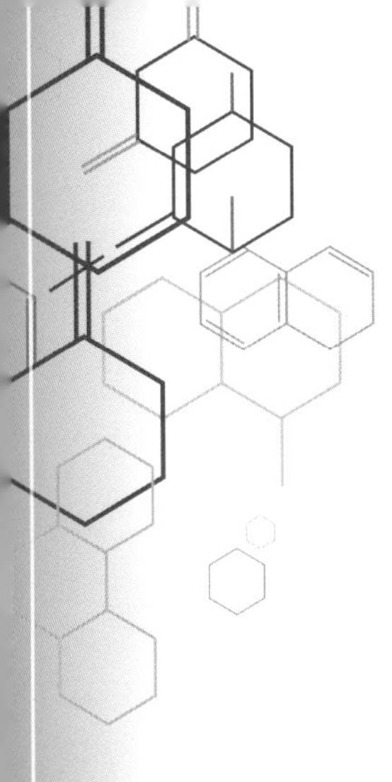

3 限量試劑 & 過量試劑

就在為學生編寫完講義的週末，打開電視轉了最喜歡的「探索頻道」，一向喜歡吸收新知的許威老師，馬上入迷了，原來播出的內容是「超級跑車的工廠」，從設計、組裝、測試、運送，各個環節緊緊相扣，甚至連其中一個輪胎數量不夠而「限量」後，整個流程有可能就延遲。

限量試劑：在化學反應進行中，反應物之係數比等於莫耳數比，只要有一項反應物消耗完畢，此反應立即終止，則稱此反應物為「限量試劑」。

使用「限量試劑」之目的：可利用「限量試劑」來計算生成物產量。

過量試劑：在化學反應後會剩下（未被消耗掉）的反應物，稱為「過量試劑」。

重要觀念建立 4-16

甲、乙兩種不同氣體產生反應如圖（○與●表示不同的原子），下列有關此反應的敘述何者錯誤？【91. 基測 I】

(A) 反應物為兩種不同的元素　(B) 生成物丙為化合物

(C) 丁為反應中新生成的物質　(D) 甲在此反應中為過量。

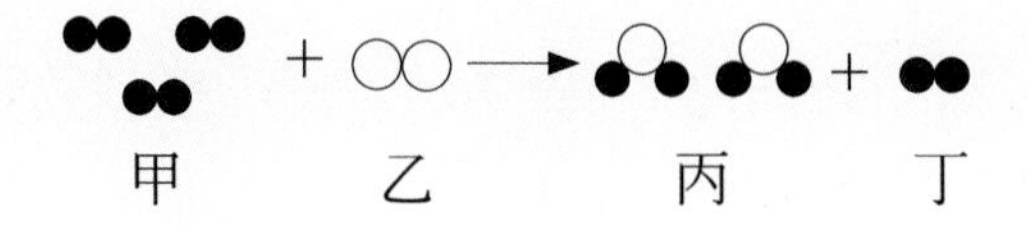

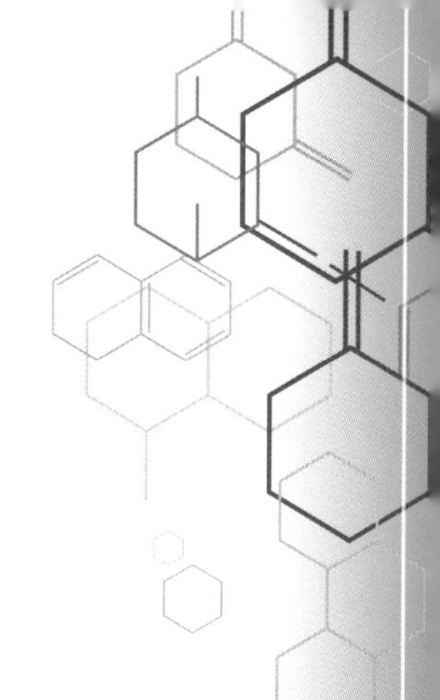

解析

答案：(C)

甲與乙為不同的元素，反應後生成丙，而丁與甲為相同元素，所以甲元素為過量試劑。

故選(C)。

重要觀念建立 4-17

甲、乙兩種不同氣體產生反應如圖（○與●表示不同的原子），下列有關此反應的敘述何者錯誤？【91. 基測 I】

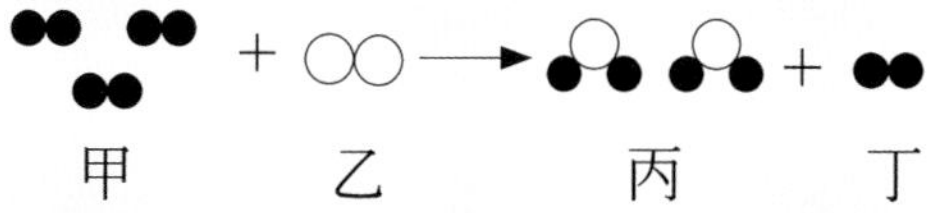

甲 + 乙 ⟶ 丙 + 丁

(A) 反應物爲兩種不同的元素　(B) 生成物丙爲化合物

(C) 丁爲反應中新生成的物質　(D) 甲在此反應中爲過量。

解析

答案：(C)

(A) 甲、乙兩種不同原子所組成，故為不同元素分子，正確。

(B) 反應生成新物質，化合物丙，正確。

(C) 丁為甲元素過量剩下，故不為新生成的物質。

(D) 甲元素在反應後也出現，故為過量試劑，正確。

故選(C)。

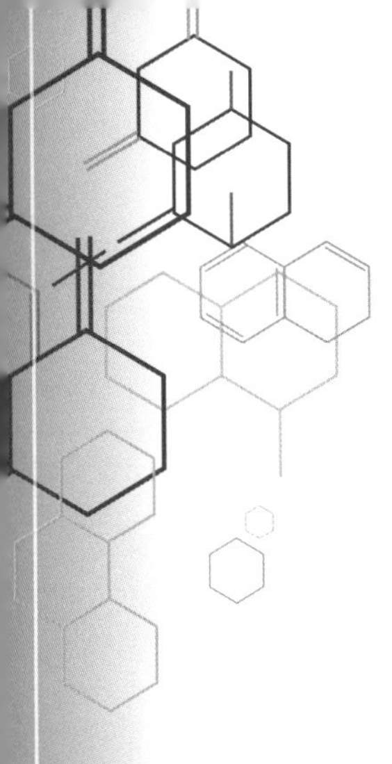

補充 亞佛加厥定律

提出者：在1811年，由義大利的亞佛加厥所提出。用來解釋氣體體積（V）、氣體壓力（P）、氣體溫度（T）以及分子數（N）間之相關性質。

定律內容：在同溫同壓的情況下，相同體積的氣體，則具有相同數目的分子。（也因此補足了道耳頓在氣體反應定律下無法解釋之現象。）

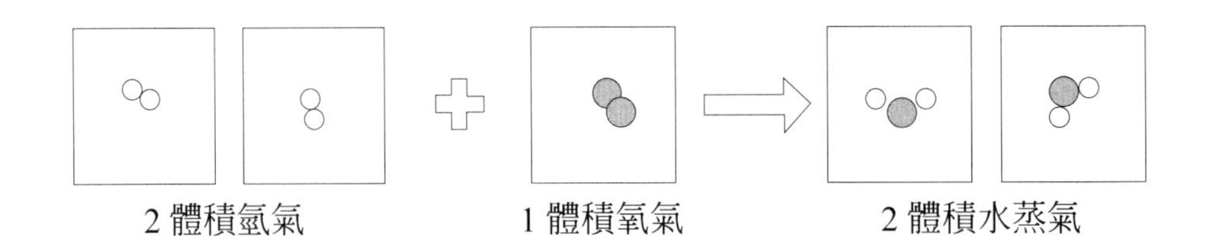

定律應用：利用亞佛加厥定律渴求氣體之相對分子量。

其公式為：$W_1 / W_2 = M_1 / M_2$

（在同溫同壓下，在相同體積中測得其分別重量，各為W_1與W_2，再依據亞佛加厥定律：同溫同壓下，同體積的任何氣體含有相同之分子數。兩者俱有相同的分子數，即莫耳$n_1 = n_2$。）

延伸應用：

同溫同壓下，氣體體積比＝分子數比＝莫耳數比。

同溫同壓下，密度比＝分子量比。

同溫同壓下，相同體積氣體：質量比＝分子量比。

重要觀念建立 4-18

在同溫同壓下，關於 1 公升 H_2 與 0.5 公升 NO_2 氣體的敘述何者正確？

(A) 所含原子數比 2：3　　(B) 所含分子數比為 2：1

(C) 所含原子數目比為 3：1　　(D) 所含分子數目比為 2：1。

解析

答案：(B)

根據亞佛加厥定律「同溫同壓下，相同體積的氣體，具有相同的分子數。」體積比為1：0.5，所以分子數比為2：1，故選(B)。

線上啓發講堂：

鹽酸是否爲混合物

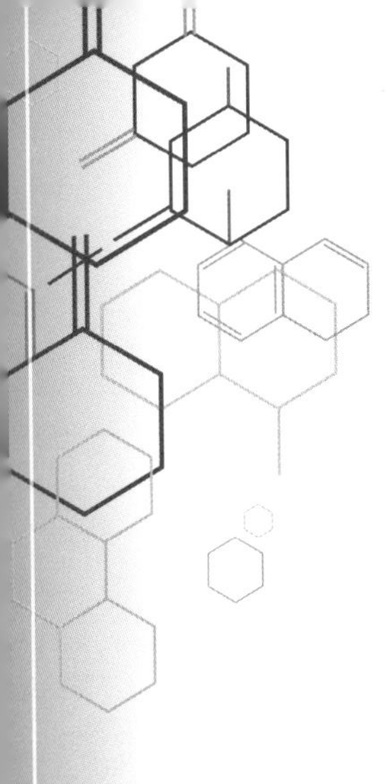

本章學習重點

1. 化學反應式的係數意義：
   (1) 使反應前後原子種類及數目相等（符合質量守恆定律）。
   (2) 係數比＝分子數比＝莫耳數比。
   (3) 若反應物及生成物都是氣體時：係數比＝體積比。
2. 化學反應的三大守恆：
   (1) 質量守恆（原子不滅）。
   (2) 能量守恆。
   (3) 總電荷不滅。
3. 限量試劑與過量試劑的不同意義須充分瞭解。
   (1) 限量試劑：在化學反應進行中，只要有一項反應物消耗完畢，此反應立即終止，則稱此反應物為「限量試劑」。在計算時，可利用限量試劑來計算生成物產量。
   (2) 過量試劑：在化學反應後會剩下（未被消耗掉）的反應物，稱為「過量試劑」。
4. 亞佛加厥定律內容：在同溫同壓的情況下，相同體積的氣體，則具有相同數目的分子。應用：利用亞佛加厥定律可求氣體之相對分子量，其公式為：$W_1/W_2 = M_1/M_2$。另延伸應用的部分：
   (1) 同溫同壓下，氣體體積比＝分子數比＝莫耳數比。
   (2) 同溫同壓下：密度比＝分子量比。
   (3) 同溫同壓下，相同體積氣體：質量比＝分子量比。

學習上易犯錯的地方與注意事項

1. 使用觀察法無法平衡之方程式，先選定看似最複雜、原子種類、數目較多的物質使之係數為「1」！

   例如：銅置於濃硫酸中加熱反應的化學反應式如下：

   $Cu + H_2SO_4 \xrightarrow{\Delta} CuSO_4 + SO_2 + H_2O$

   (1) 先選定看似最複雜、原子種類、數目較多的物質使之係數為「1」。（本題選定$CuSO_4$）

   $Cu + H_2SO_4 \xrightarrow{\Delta} 1CuSO_4 + SO_2 + 2H_2O$

   (2) 利用$1CuSO_4$，再確認左式物質，調整係數，使之左右兩邊的數目相同。（右式有1×Cu、1×S，故需使左式也有相同的原子數目。）

   $Cu + 2H_2SO_4 \xrightarrow{\Delta} CuSO_4 + SO_2 + 2H_2O$

   (3) 最後利用左式，再平衡右式剩下的物質係數。

   $Cu + 2H_2SO_4 \xrightarrow{\Delta} CuSO_4 + SO_2 + 2H_2O$

2. 係數比換算成「質量比」，需注意乘上「分子量」。

   例如$CH_4 + 2O_2 \rightarrow CO_2 + 2H_2O$，甲烷與氧質量比即為16：2×32＝1：4。

3. 平衡係數時，需要將( )外的數字乘進去。

   例如$2NH_4OH + H_2SO_4 \rightarrow (NH_4)_2SO_4 + 2H_2O$式中，平衡係數即考慮( )外的數字。

4. 可以利用限量試劑與過量試劑的定義來判斷最後個別產物的質量！

5. 亞佛加厥定律需要在「同溫同壓」的狀態下才成立，且係數比＝體積比只適用在「氣體」！

第五章 反應速率

本章導讀

反應速率即為化學反應的快慢。在一個化學反應中，有些物質（反應物）被消耗，而有些物質（生成物）被產生，為了要比較反應速率，我們通常會選擇容易觀察變化量的物質，依據該物質在單位時間內的變化量，來計算該反應的反應速率。

然而化學反應究竟是如何發生的？其中影響反應快慢的因素又有哪些？我們又應該如何計算反應速率？這些常見的問題，透過本章節將可以輕鬆又明確的瞭解這一切。

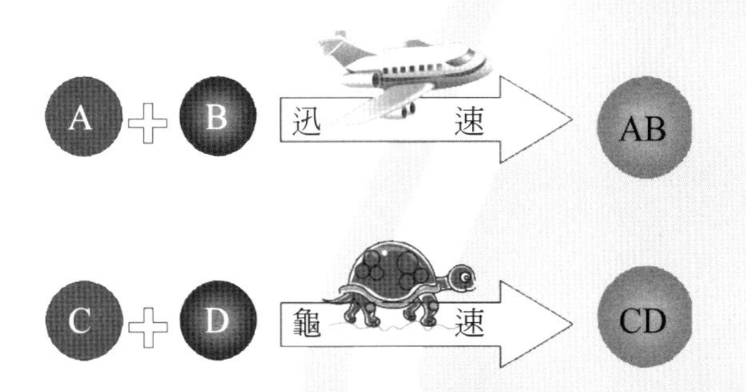

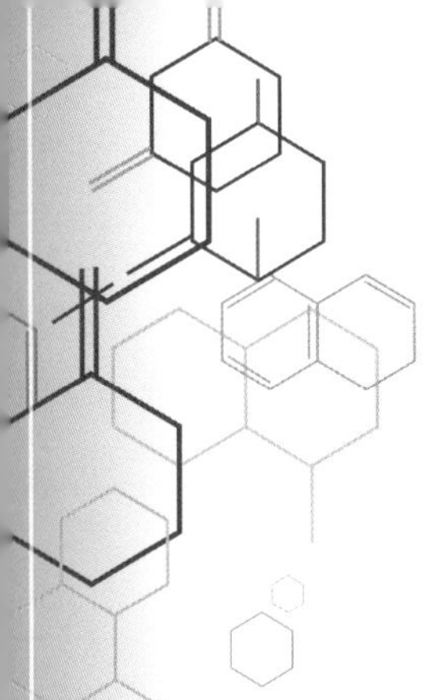

學習概念圖

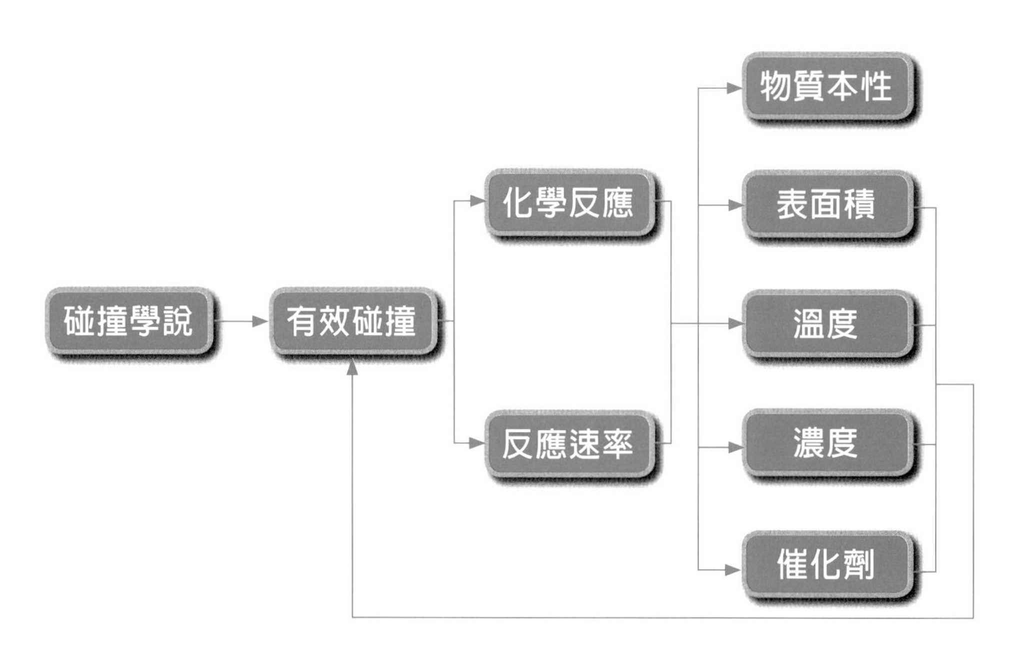

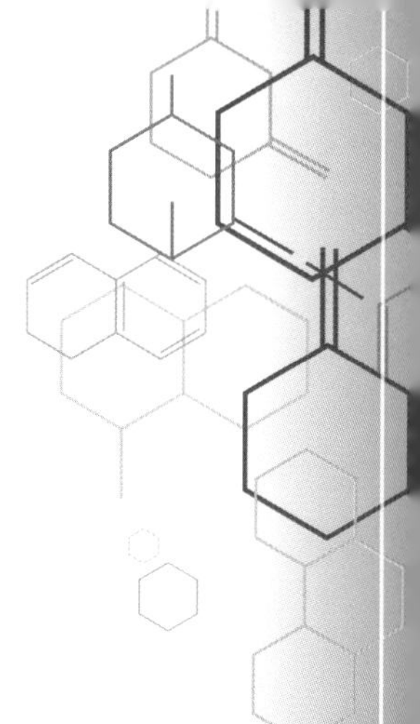

1 碰撞學說

炎炎夏日，某日中午阿昊心血來潮，煮了一鍋綠豆湯，加了點冰塊，想說幫自己消消暑，幾碗下肚眞是太舒坦了，飽足之餘，竟忘了將剩下的綠豆湯放進冰箱，就這麼去睡午覺了。夏日午後的氣溫對於家中沒有安裝冷氣的阿昊來講實在煎熬。傍晚時分，睡得口乾舌燥的阿昊搖晃起身想再去給自己添幾碗綠豆湯來舒緩一下全身的燥熱，碗還沒就口，就先聞到微微的酸臭味。「啊……忘記冰，怎麼這麼快就壞了？」阿昊沮喪地碎念。

其實食物的腐敗也是一種化學反應，而不同反應條件，反應的快慢也不一樣，阿昊所發生的狀況，只是因爲在某種情況下，加速了「食物腐敗」這個化學反應，像這樣子因爲反應條件的改變而影響反應速率的例子，在生活中可是多到不勝枚舉呢！

沒了綠豆湯可喝的阿昊心有不甘，他知道沒有將剩下的綠豆湯冰到冰箱是他的疏失，但爲什麼這樣會導致食物加速腐敗，卻始終想不出個頭緒，翻了翻之前所學的理化，阿昊發現原來食物腐敗也是一種化學反應，「啊！那我是不是應該先了解化學反應是如何發生的，然後再去思考我的綠豆湯爲什麼這麼快就壞掉了？」阿昊似乎有所領悟地喃喃自語。

要發生化學反應，必須使參與反應的所有種類粒子皆發生碰撞才有可能發生。

如反應式：$A + B + C \rightarrow X$，反應式中A、B、C三種反應物的粒子彼此都要有碰撞才有可能生成X物質，這樣的理論稱爲「碰撞學說」。

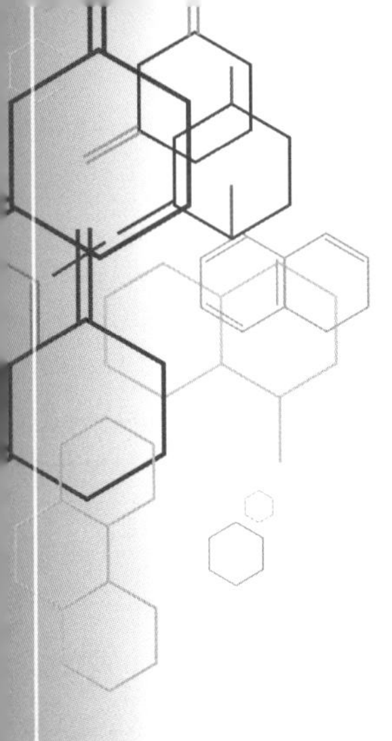

一、有效碰撞

然而並不是反應物碰撞就一定可以發生化學反應，事實上大部分的碰撞都只是粒子間單純的碰撞，並未構成化學反應，眞正能引起反應的碰撞，我們稱之為「有效碰撞」。

啓動化學反應的「有效碰撞」，就好比拿鑰匙開鎖一樣，如果鑰匙方位不對，你休想將要鎖頭打開，即便你方位對了，成功將鑰匙插入鎖孔中，若無足夠的能量轉動鑰匙，鎖頭依舊緊扣。然而當你兩者皆具備，方位正確、能量足夠，那麼鎖頭立刻應聲開啓。

所以所謂的「有效碰撞」必須要符合兩個條件，第一：碰撞方位要正確，第二：碰撞能量要足夠。當反應物的碰撞符合這兩個條件時，化學反應自然就會發生。

二、「有效碰撞」的必要條件

1. 碰撞的方位要正確：

化學反應並不是反應物隨意碰撞便可發生，碰撞的方位正確與否，決定化學反應是否發生。簡單來說，需要被破壞的化學鍵恰好被撞到，破壞之後產生新的鍵，使元素重新排列組合，便可反應生成新物質，我們用一個化學反應來作說明：

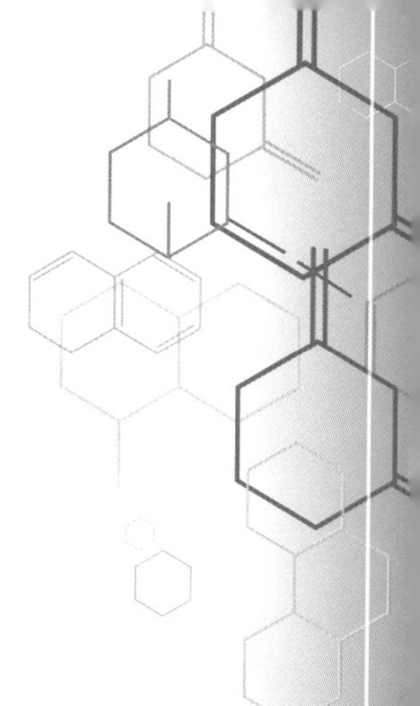

例：$CO + NO_2 \rightarrow CO_2 + NO$

反應式中CO分子除了要和NO_2分子碰撞，還必須要是CO分子中的C準確地撞上NO_2分子中的O，才有機會生成CO_2及NO。原因很簡單，因爲CO分子中的C是跟NO_2分子中的O鍵結成爲CO_2。

若只是一昧地亂配對碰撞，如CO分子中的O撞上NO_2分子中的N，則爲無效碰撞，反應是不會發生的唷！

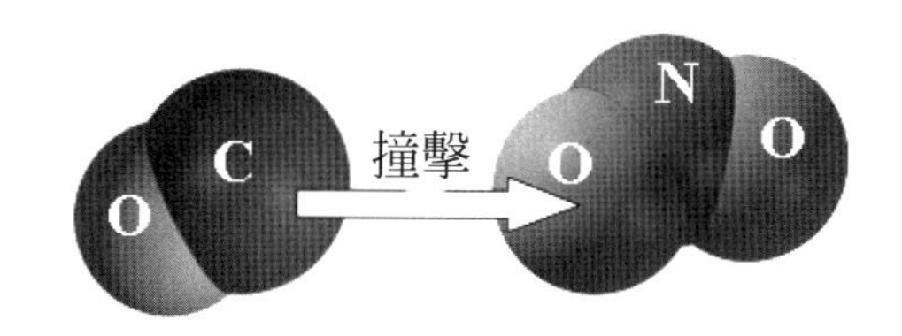

2. 碰撞的能量要足夠

然而要將原有的鍵破壞掉並產生新的鍵是需要能量的，不同的化學反應，有不同的能量需求，這個能量我們稱之爲「活化能」。若想發生化學反應，「活化能」是反應物在碰撞時，所需具備能量的最低門檻。事實上，大部分的粒子在碰撞時，不是因爲能量未達「活化能」，就是因爲碰撞方位不對，甚至兩者條件都無法滿足，致使碰撞無效，無法發生化學反應。惟有同時滿足「有效碰撞」的兩個條件，化學反應才能發生。

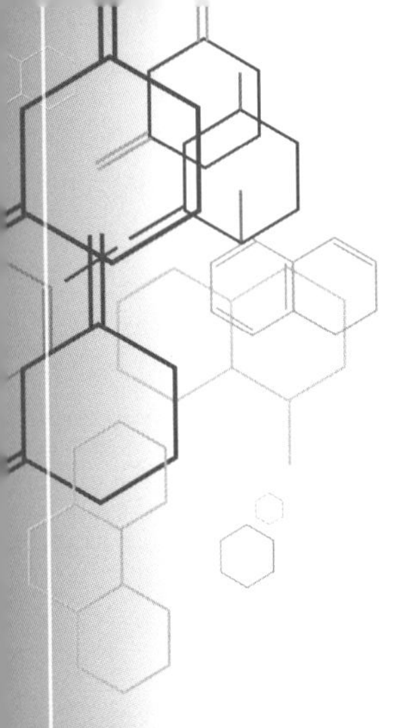

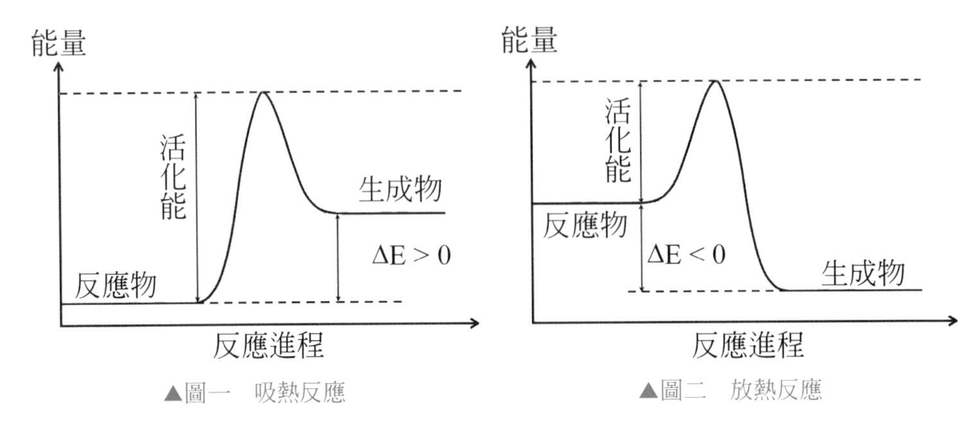

▲圖一　吸熱反應

▲圖二　放熱反應

同樣以$CO + NO_2 \rightarrow CO_2 + NO$爲例來說明，CO與$NO_2$的碰撞即便方位正確，仍至少需要134kJ的能量，才能轉變成爲介於反應物及生成物之間的過渡物質，即爲「活化錯合物」，之後若能量有餘便可跨越門檻，形成生成物，但若能量耗盡無法跨越門檻，則倒退變回原來的產物。

線上及時講堂：

酯化反應

※ 小思考：酯化反應的反應速率小，代表活化能高或低？

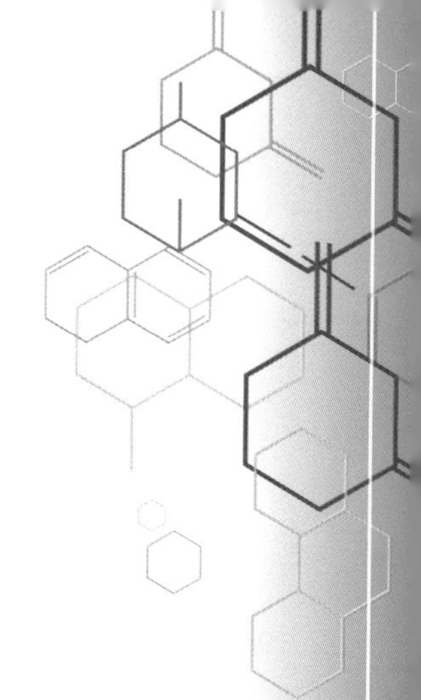

2 反應速率

經過一番努力，阿昊對於化學反應的發生終於有了相當的認知。「嘿嘿，有點成就感喔，接下來應該可以開始研究反應速率了吧！」阿昊暗自竊喜，可是他馬上就面臨了一個問題，「我若想知道化學反應的快慢，總該知道怎麼觀察或計算吧。」，畢竟反應速率多快多慢怎能隨便用「很快」、「超慢」這些含糊的字句說說就算，也太不科學了吧，應該也要有些數字、單位來表示吧，阿昊此時又陷入了苦思……。

化學反應的快慢程度稱爲反應速率，計算時以「R」來表示。依照上一節所提到的「碰撞學說」，反應速率也可視爲單位時間內「有效碰撞」的次數。

然而化學反應並不是以均勻速率在進行的，反應速率常常會因爲當下的某些反應條件（如溫度、濃度……）起了變化而跟著有所增減，甚至就算整個化學反應過程中條件固定，反應速率還是無法維持在一定值。所以反應速率可分爲平均速率和瞬時速率，而一般所說的反應速率，大部分指的都是平均反應速率。我們可藉由觀察**反應物**或**生成物**在單位時間內（濃度、體積、質量……）的變化量，來判斷反應速率的快慢。

$$\text{反應速率（R）}=\frac{\Delta\text{反應物（}\Delta\text{生成物）}}{\text{反應時間（t）}}$$

由以上關係式得知，若我們將某化學反應的反應物變化量（或生成物變化量）維持一定值來比較，則反應速率（R）和反應時間（t）成反比，這意味著反應速率（R）愈快，所需反應時間（t）愈少，也就是說反應

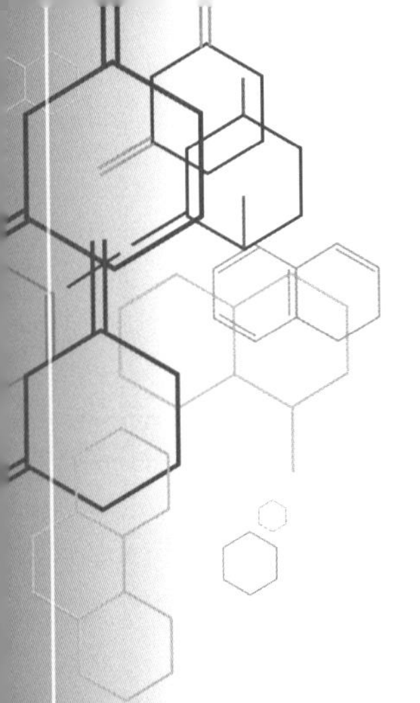

速率（R）和反應時間的倒數（t^{-1}）成正比。所以我們也經常以時間倒數（t^{-1}）來代表反應速率（R）。

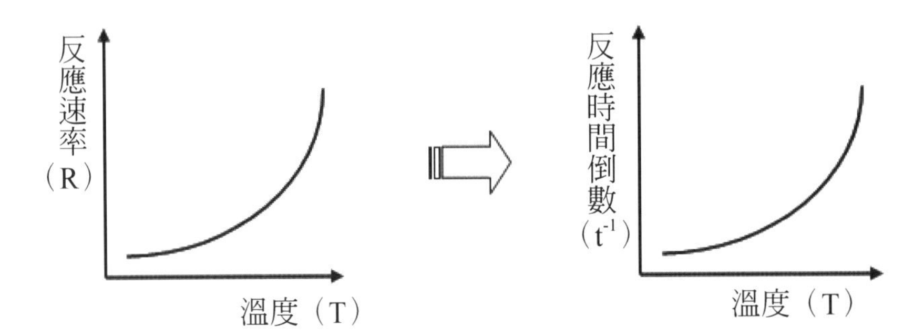

如上圖所示，縱軸爲反應速率（R），可由時間倒數（t^{-1}）來代表。

重要觀念建立 5-1

取 30℃、0.5M 的 $Na_2S_2O_3$ 溶液 20mL 與錐形瓶中 30℃、1.0M 的 HCl 溶液 10mL 進行反應，50 秒後沉澱會將瓶底下所畫的圖案遮住。若改以 50℃的溶液重複此實驗，20 秒後沉澱會將瓶底下所畫的圖案遮住，則後者實驗的反應速率是前者的幾倍？

(A) $\frac{1}{2}$ 倍　(B) 2 倍　(C) $\frac{5}{2}$倍　(D) $\frac{2}{5}$ 倍。

答案：(C)

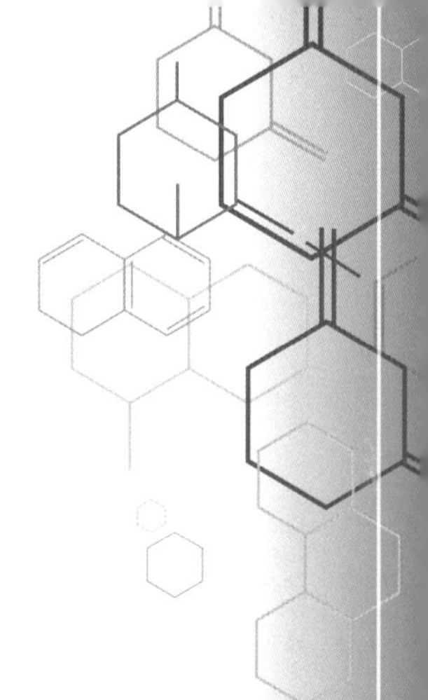

這看似條件複雜的題目，又有溫度，又有莫耳濃度，但解題技巧其實很簡單，不要忘記剛剛才講過的反應速率其實可由反應時間倒數來表示。

30°C時反應速率（R）→ 反應時間倒數（t^{-1}）$= \frac{1}{50}$

50°C時反應速率（R）→ 反應時間倒數（t^{-1}）$= \frac{1}{20}$

所以後者實驗的反應速率是前者的$\frac{1}{20} / \frac{1}{50} = \frac{5}{2}$倍

一、反應速率的觀察

在化學反應過程中，反應物及生成物可能各有數種，然而並不是每一種反應物或生成物都能被清楚、容易地觀察到變化的情況，所以我們通常只會選擇變化最明顯的反應物或生成物，來觀察其變化量，做爲判斷反應速率的依據。若爲氣相反應，則在反應過程中總體積或總壓力會改變者，亦可作爲判斷反應速率之依據。

重要觀念建立 5-2

下列何者不能用【　】內的變化來判斷反應速率？

(A) $N_2O_{4(g)} \rightarrow 2NO_{2(g)}$【顏色】

(B) $CO_{(g)} + NO_{2(g)} \rightarrow NO_{2(g)} + CO_{2(g)}$【壓力】

(C) $AgNO_{3(aq)} + HCl_{(aq)} \rightarrow AgCl_{(s)}\downarrow + HNO_{3(aq)}$【沉澱】

(D) $(C_2H_5)_2O_{(l)} + HI_{(aq)} \rightarrow C_2H_5I_{(l)} + C_2H_5OH_{(l)}$【pH 值】

(E) $H_2CO_{3(aq)} + Ba(OH)_{2(aq)} \rightarrow BaCO_{3(s)} + 2H_2O_{(l)}$【導電度】

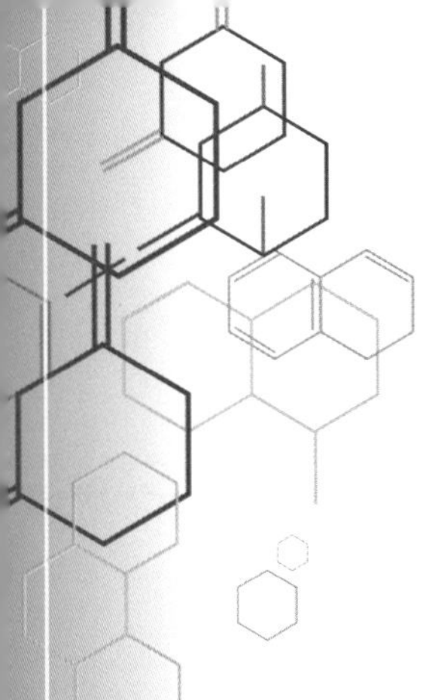

解析

答案：(B)

(A) $N_2O_{4(g)}$：無色，$NO_{2(g)}$：紅棕色

(B) 反應前後氣體分子數不變，氣壓不變

(D) HI為強酸，而兩生成物皆為中性，故反應時pH值應一直下降

(E) $BaCO_{3(s)}$及H_2O皆不易解離，反應時導電度應持續下降。

重要觀念建立 5-3

碳酸鈣和鹽酸反應：$CaCO_3 + 2HCl \rightarrow CaCl_2 + H_2O + CO_2 \uparrow$，請選擇適合做爲判斷反應速率的物質。

解析

答案：以二氧化碳（CO_2）判斷反應速率

此化學反應中，不論是HCl水溶液、$CaCl_2$水溶液或是H_2O都是透明無色的，不易觀察變化量，所以我們絕對不會採用這三樣物質作為觀察反應速率的依據。而$CaCO_3$為固態沉體，看似較好觀察，但要實際測得$CaCO_3$的質量或是體積變化量，操作上還是有相當程度的麻煩。本反應最適當的觀察對象為CO_2，其為難溶於水的氣體，生成時會產生明顯氣泡，可由當下冒氣泡的激烈程度，判斷反應速率的快慢。

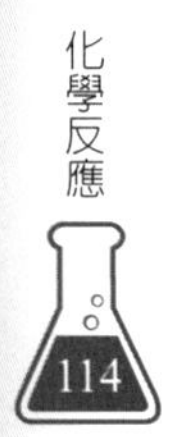

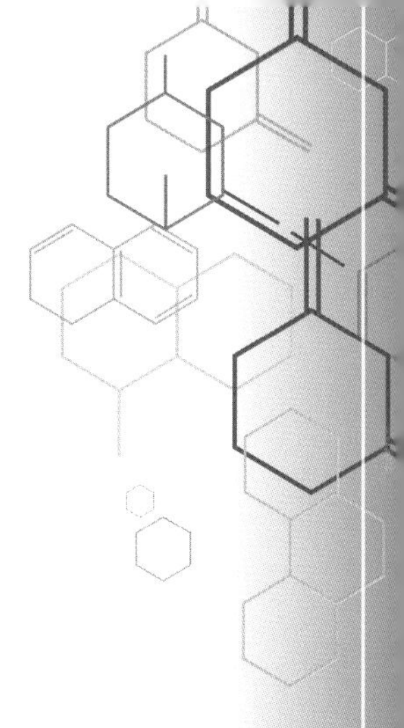

重要觀念建立 5-4

硫代硫酸鈉加入鹽酸反應：$Na_2S_2O_3 + 2HCl \rightarrow 2NaCl + H_2O + SO_2\uparrow + S\downarrow$（黃色），請選擇適合做爲判斷反應速率的物質。

解析

答案：以黃色的硫（S）沉澱判斷反應速率。

此化學反應中，不論是$Na_2S_2O_3$水溶液、HCl水溶液、NaCl水溶液或是H_2O都是透明無色的，不易觀察變化量，所以我們絕對不會採用這四樣物質作為觀察反應速率的依據。而SO_2與上一題的CO_2不同，SO_2對水的溶解度明顯大於CO_2，所以也不是那麼的適合作為觀察的依據。本反應最適當的觀察對象為S，其為不溶於水的黃色固體，可藉由S的生成速率判斷反應速率的快慢。

二、反應速率的計算

若某化學反應式爲 $aA + bB \rightarrow cC + dD$，則反應速率R的表示法如下表

反應速率表示法與各物質間 R 的關係		
分類	反應物的消耗速率 即 R_A、R_B	產物的生成速率 即 R_C、R_D
數學表示法	$R_A = \frac{\Delta[A]}{\Delta t}$，$R_B = \frac{\Delta[B]}{\Delta t}$	$R_C = \frac{\Delta[C]}{\Delta t}$，$R_D = \frac{\Delta[D]}{\Delta t}$ 註 1
各物質間 R 的關係	各物質的 R 不見得相等，但 $R_A \times \frac{1}{a} = R_B \times \frac{1}{b} = R_C \times \frac{1}{c} = R_D \times \frac{1}{c}$	

註 1：[A]、[B]、[C]、[D] 爲 A、B、C、D 的莫耳濃度。

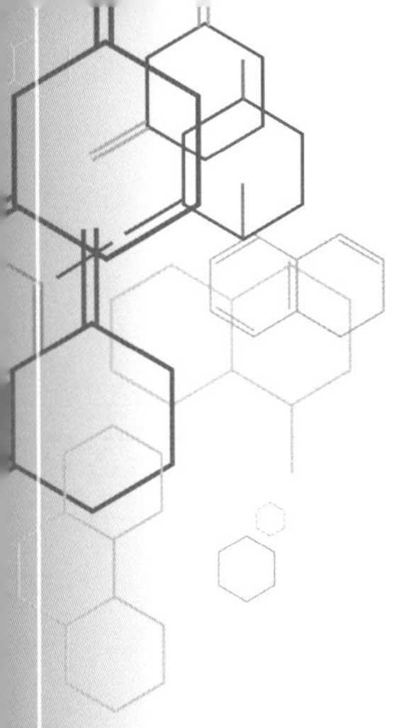

重要觀念建立 5-5

某反應式 $A + 2B \rightarrow 3C$，反應剛開始時 $[A] = 1.6M$，與足量 B 反應 5 分鐘後，$[A] = 1.0M$

①求 A 的消耗速率？

②求 B 的消耗速率？

③在此 5 分鐘內，3 公升容器內產生 C 多少莫耳？

解析

答案：① 0.12M/min

② 0.24M/min

③ 5.4莫耳

① $R_A = \frac{\Delta[A]}{\Delta t} = \frac{1 - 1.6}{5} = -0.12$ M/min（負值為消耗）

② $R_A \times \frac{1}{a} = R_B \times \frac{1}{b} \Rightarrow 0.12 \times \frac{1}{1} = R_B \times \frac{1}{2} \Rightarrow R_B = 0.24$ M/min

③ $R_A \times \frac{1}{a} = R_B \times \frac{1}{c} \Rightarrow 0.12 \times \frac{1}{1} = R_C \times \frac{1}{3} \Rightarrow R_B = 0.36$ M/min

0.36 M/min × 5 min = 1.8M，1.8M × 3L = 5.4莫耳

三、反應速率定律

仍以化學反應式爲 $aA + bB \rightarrow cC + dD$爲例：由實驗可得知反應速率R $\propto [A]^x[B]^y$，若要寫成數學等式，則需加上速率常數k，即爲$R = k[A]^x[B]^y$。

1. x、y與係數a、b無關，x、y需由實驗得知，且x不一定等於a，y也不一定等於b。
2. x稱為對A的級數，而y稱為對B的級數，且x、y未必是整數，可為分數或小數。
3. x + y稱為此反應的級數，若x + y = n，則此反應為n級反應。

重要觀念建立 5-6

以 $BrO_3^-{}_{(aq)} + 5Br^-{}_{(aq)} + 6H^+{}_{(aq)} \rightarrow 3Br_{2(aq)} + 3H_2O_{(l)}$ 反應來探討初始濃度與初始反應速率的關係，實驗數據如下表：

實驗次數	反應物初始濃度 (M)			初始反應速率
	$[BrO_3^-]$	$[Br^-]$	$[H^+]$	M/s
1	0.10	0.10	0.10	8.0×10^{-4}
2	0.20	0.10	0.10	1.6×10^{-3}
3	0.20	0.20	0.10	3.2×10^{-3}
4	0.10	0.10	0.20	3.2×10^{-3}
5	0.40	0.30	0.20	R

①此反應的總級數為多少？

②此反應的速率常速為多少？

③試預測第 5 次初始反應速率？

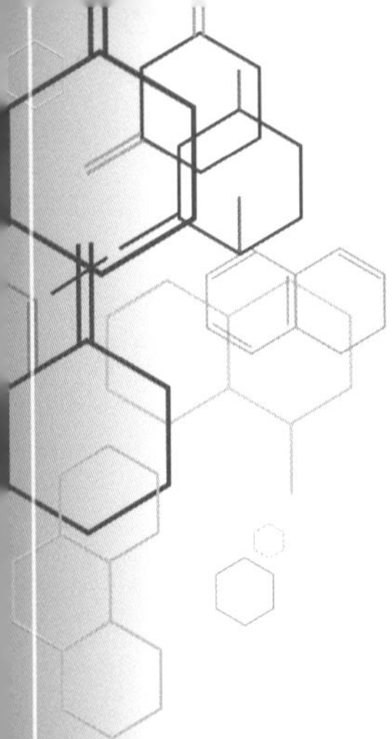

解析

答案：①4級　②$8M^{-3}S^{-1}$　③$3.84\times10^{-2}M/s$

① 由1、2可知$R\propto[BrO_3^-]$，由2、3可知$R\propto Br^-]$，由1、4可知$R\propto[H^+]^2$，故$R\propto[BrO_3^-][Br^-][H^+]^2$，寫成反應速率$R=k[BrO_3^-][Br^-][H^+]^2$，為4級反應。

② 將任一組實驗數據代入$R\rightarrow8.0\times10^{-4}=k\times0.1\times0.1\times0.1^2$
$\rightarrow k=8M^{-3}S^{-1}$。

③ 代入$R=8\times0.4\times0.3\times0.2^2\rightarrow R=3.84\times10^{-2}M/s$。

線上及時講堂：
雙氧水的趣味實驗

3 影響反應速率的因素

求知慾旺盛的阿昊，終於搞懂了化學反應如何發生，以及如何計算、觀察反應速率，此時一切準備就緒的阿昊迫不及待地想更深一步了解影響反應速率的因素，難掩心中的興奮，阿昊心想：「我的綠豆湯爲什麼這麼快就壞掉？現在我就要來揪出眞正的元凶！」

前文提到化學反應需要反應物粒子的碰撞，而碰撞又必須是「有效碰撞」才能發生反應，藉由這樣子的概念，不難想像如果可以提升單位時間內反應物粒子碰撞的機率，便可提升「有效碰撞」的機率，那麼反應速率當然也就可以隨之增加，反之則下降。

然而反應物本身的活性強弱，也是影響反應速率的快慢主要因素之一，所以本章節對影響反應速率的因素將大致分類爲五大項。

一、影響反應速率的五大因素

1. 物質本性（活性）
2. 表面積（顆粒大小）
3. 濃度
4. 溫度
5. 催化劑

在這五大因素裡面，除了第一點的物質本（活）性是與生俱來、無法改變的，其他四點都是在探討如何改變反應時的條件，以增減反應物粒子碰撞機率及「有效碰撞」機率，進而改變反應速率。

然而本書名爲「化學反應」，涵蓋內容甚廣，對化學反應的所有層面只能做初步的解說，無法作太過深入探討， 如果想要了解更多的相關內

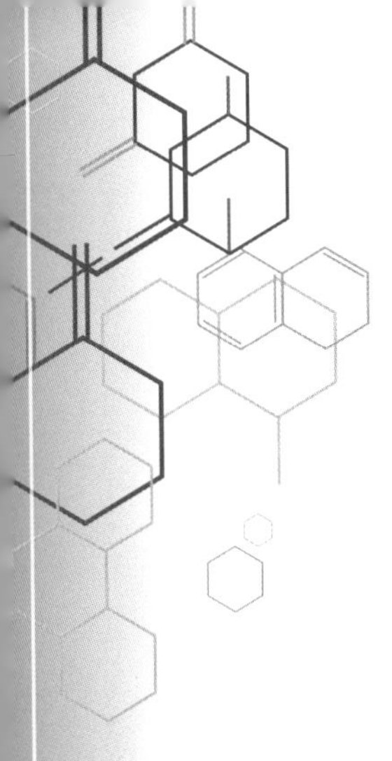

容，可參閱同系列著作「反應速率與平衡」一書，該書將針對本章節內容作更深入的探討。

二、五大因素與反應速率的關係

1. 物質本（活）性

活性是指物質發生化學反應的難易程度，所以反應物活性越大，反應速率越快；反之，則反應速率越慢。

例：活性大的鋰、鈉、鉀……等元素，和氧氣的氧化反應劇烈快速，但銅元素則不易和氧進行反應，反應速率很慢。

▲圖一　常溫下生鏽的鐵器

▲圖二　常溫下光亮如新的金銀飾品

所以在進行某項化學反應時，可以藉由選擇活性不同的反應物，來達到我們所需的反應速率。當然選擇的反應物不同，得到的產物、化學反應的成本也將不同，所以當我們想要以反應物來改變反應速率時，還需考量反應結果是否也符合需求。

舉個例子來說明，鐵礦（Fe_2O_3）還原成鐵需要還原劑[註1]，工業上以焦煤（C）當做最佳還原劑，利用碳（C）的氧化活性，將鐵礦（Fe_2O_3）還原成鐵，反應式：$\boxed{2Fe_2O_3 + 3C \rightarrow 4Fe + 3CO_2}$，其中鐵（Fe）是我們所要的產物。

然而氧化活性比碳（C）更爲強大的元素大有人在，如鋰、鈉、鉀……等，我們當然也可以用鈉（Na）來進行鐵礦（Fe_2O_3）還原成鐵的化學反應，反應式：$\boxed{Fe_2O_3 + 6Na \rightarrow 2Fe + 3Na_2O}$，由化學反應式得知產物一樣可以得到鐵（Fe），而且因爲鈉（Na）的活性大，還可提升反應速率。可是因爲鈉（Na）的成本比起碳（C）高出許多，也因其活性太大而不易保存，所以儘管可以提升反應速率，但在考量反應結果不符需求（成本過高）的情況下，是不會有人這麼做的。

重要觀念建立 5-7

下列哪一個反應可在單位時間內產生最多的氫氣？（銅片、鎂帶、鐵片、銀片表面積相同）

(A) 銅片和 1M 鹽酸溶液作用　(B) 鎂帶和 1M 鹽酸溶液作用

(C) 鐵片和 1M 硝酸溶液作用　(D) 銀片和 1M 硝酸溶液作用。

（註 1）鐵礦還原成鐵屬於氧化還原反應，如欲瞭解更多關於這類型反應，請參閱同系列著作「氧化還原」一書。

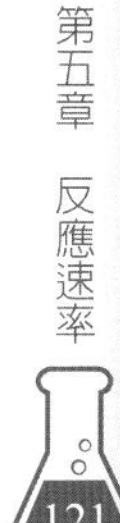

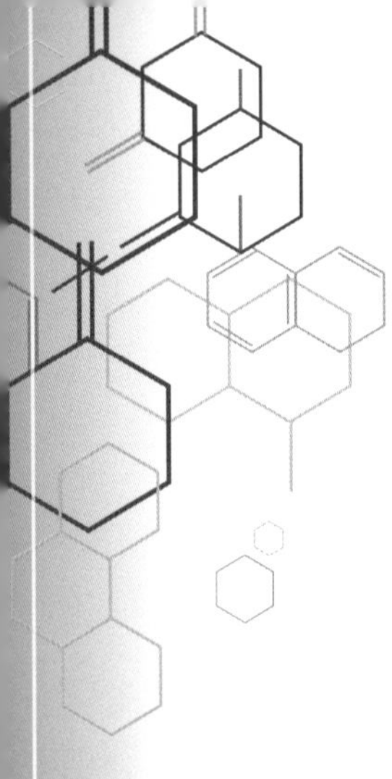

解析

答案：(B)

硝酸或鹽酸皆屬強酸，所以影響反應速率的主因不會是酸類的活性，應該以反應物金屬的活性去做比較，比較結果發現此四種金屬活性鎂 > 鐵 > 銅 > 銀，故答案選B。

2. 表面積（顆粒大小）

物體經過切割後，會增加許多本來不存在的表面，總表面積因而增加。切割的越細小，總表面積就越大，以正立方體來說，每邊切n等份，總表面積就增加n倍。

例：如下圖，切割前的正立方體每邊長3cm，總表面積爲$3 \times 3 \times 6 = 54cm^2$。

每邊切三等份後，可得27個每邊長1cm的小正立方體，總面積爲$1 \times 1 \times 6 \times 27 = 162cm^2$。

每邊切三等份後，總表面積爲切割前的三倍。

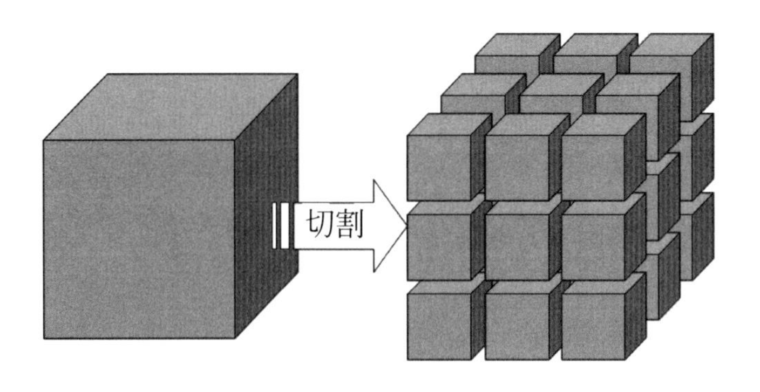

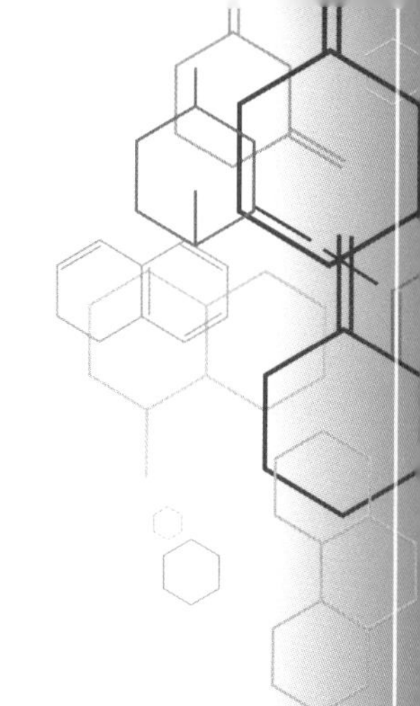

重要觀念建立 5-8

鋅塊和鹽酸的反應速率和鋅塊的表面積成正比，今有一大正立方體的鋅塊分割成 729 個大小相同的小立方體，則分割後的反應速率為分割前的多少倍？

(A) 3 倍　(B) 6 倍　(C) 9 倍　(D) 12 倍。

解析

答案：C

729其實是9的三次方，所以切割成729個小正立方體，就是將原本的正立方體每邊切割9等份，案前文所講正立方體每邊切n等份，總表面積就增加n倍，故此鋅塊總表面積放大9倍，反應速率提升9倍。

以外觀形狀來判斷同質量的某物質總表面積大小，一般而言，粉末狀 > 顆粒狀 > 塊狀。反應物的顆粒越細小，總表面積就越大，粒子相互碰撞的可能性就越高，「有效碰撞」的機率自然就會提升，反應速率也就隨之變快；反之，則反應速率變慢。生活中我們常利用這種簡單的方法來加速化學反應。

例：① 將竹筷削製成火媒棒，目的是較易引燃。

② 食物切小塊後比大塊時容易煮熟。

③ 紙張散狀攤開比整疊容易燃燒。

④ 麵粉工廠因為飛散的粉塵表面積極大，容易有燃燒爆炸的危險，如前陣子的新聞：八仙塵爆。

⑤ 為提升藥物療效，經常將藥品磨成粉狀後服用，也是為了增加表面

積，增快反應速率。

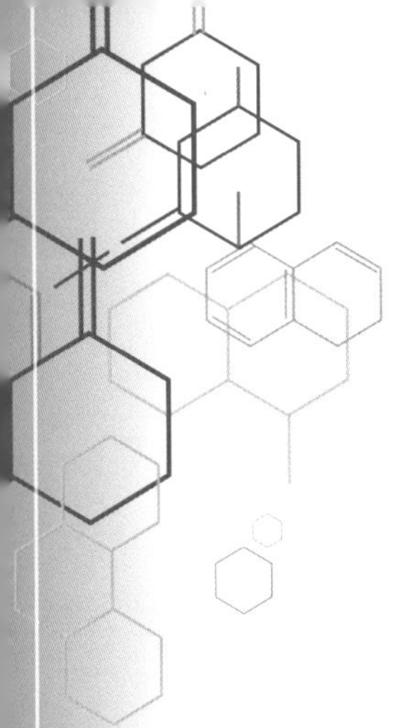

▲圖一　火媒棒

▲圖二　食物表面切割，增加表面積，食物較易煮熟

▲圖三　燒冥紙前會先摺紙，也是爲了增加表面積

3. 濃度：

不論是體積百分濃度、重量百分濃度或是體積莫耳濃度，都是在描述溶質在溶液中所佔的比例。若化學反應是在溶液中進行，那麼改變反應物濃度，勢必也會直接影響反應物在溶液中存在的量，而量的多寡當然也會影響彼此碰撞的機率，進而影響反應速率。

反應物濃度越大，代表溶液中反應物粒子數量越多，粒子相互碰撞的可能性就越高，「有效碰撞」的機率自然就會提升，反應速率也就隨之變快；反之，則反應速率變慢。我們也經常利用調整不同的濃度，來達到所需要的反應速率。

例：① 可燃物質在純氧中燃燒比在空氣中燃燒劇烈，因爲純氧的氧氣濃度比空氣高出許多。

② 使用酒精消毒時，我們會刻意降低酒精濃度，減緩反應速率，以達更有效的消毒效果。

③ 活性大金屬若遇到酸性溶液會產生氫氣，若酸性溶液濃度越高，則氫氣的產生速率也會越快。

▲蛋殼和濃鹽酸反應，CO_2 氣體產生劇烈，蛋殼需用外力壓制才可固定於燒杯底部。

▲蛋殼和稀釋的鹽酸反應，CO_2 氣體產生緩和，蛋殼不需外力壓制便可固定於燒杯底部。

重要觀念建立 5-9

請在閱讀下列敘述後，回答問題：

小傑想了解影響反應速率快慢的因素，進行以下的實驗：1. 在甲、乙、丙和丁四支試管內裝入相同重量的大理石，其實驗裝置如下圖所示。2. 在四支試管中分別加入 10.0mL 不同濃度的鹽酸水溶液，觀察反應時產生氣泡的情形。實驗詳細的資料如下表所示：【95 基本學測一】

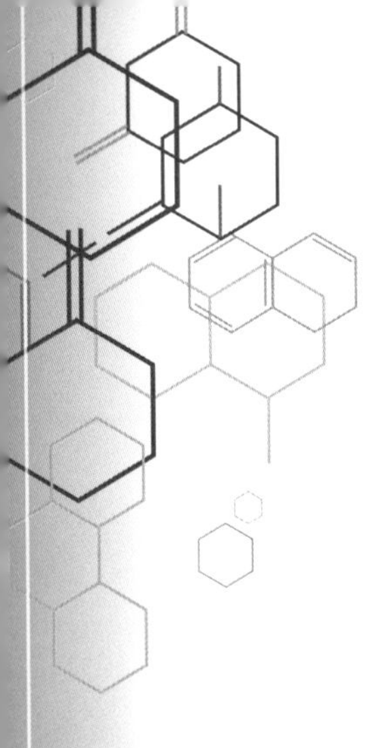

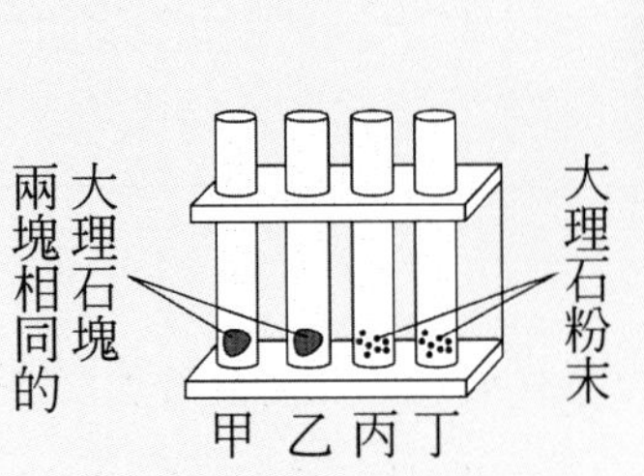

	10.0mL 的鹽酸溶液濃度	大理石大小與形狀
甲試管	0.5M	2 公克的大理石塊
乙試管	0.2M	2 公克的大理石塊
丙試管	0.2M	2 公克的大理石粉末
丁試管	0.2M	2 公克的大理石粉末

① 比較甲、乙、丙和丁四支試管中氣泡產生速率的大小，其關係為下列何者？

(A) 甲＜乙＜丙＜丁　(B) 甲＜乙＝丙＝丁

(C) 甲＝乙＜丙＜丁　(D) 甲＝乙＝丙＝丁。

② 小傑想了解濃度大小對反應速率的影響，可觀察下列哪兩支試管產生氣泡的速率？

(A) 甲和乙　(B) 甲和丙　(C) 乙和丙　(D) 乙和丁。

解析

答案：①A

②A

① 本題比較反應速率，必須同時考量兩個條件，一個是顆粒大小（總表面積），另一則是反應物（鹽酸）的濃度。仔細觀察，丁試管鹽酸濃度最高，大理石顆粒最小（總表面積最大），所以丁試管反應速率最快；反觀甲試管，鹽酸濃度最低，大理石顆粒最大（總表面積最小），當然反應速率最慢。剩下的乙、丙用一樣的邏輯去判斷，很快地就可以排出反應速率快慢順序：甲＜乙＜丙＜丁。

② 若想瞭解濃度大小對反應速率的影響，則可變條件（操縱變因）只能是濃度一個，其餘條件都必須維持固定，觀察整個反應，只有甲和乙兩組實驗符合。

4. 溫度

很多時候反應物粒子碰撞方位準確，但碰撞時的能量未達「活化能」，亦即無法跨越反應所需的能量最低門檻，如此的碰撞仍不屬於「有效碰撞」，反應依舊無法發生。爲了讓粒子碰撞時有足夠的能量，我們也常常額外幫化學反應補充能量，其中加熱增溫是最常見的方法，提供反應物粒子熱能，轉換成碰撞時所需的能量。反應時溫度越高，反應物粒子能量越大，碰撞時跨越「活化能」門檻的機率也會增加，反應速率也隨之增加；反之，則反應速率變慢。生活中運用溫度改變反應速率的例子，實在多的不勝枚舉。

例：① 夏天氣溫高，食物易腐壞，將食物保存在冰箱內，降低溫度使化學反應速率變慢，食物可保存較長的時間。

② 生物體內的各項反應速率需符合生理需求，不可忽快忽慢，所以必須維持一定的體溫。

③ 汽油、瓦斯在常溫空氣中與氧氣接觸碰撞，不會自行燃燒，但一經點火加熱，達燃點以上即可燃燒。

④ 鐵粉在常溫空氣中只會緩慢生鏽，但高溫下可在空氣中燃燒。

值得一提的是，溫度越高反應速率越快，反之越慢，但這只能說明溫度和反應速率有正向的關係，並非正比。

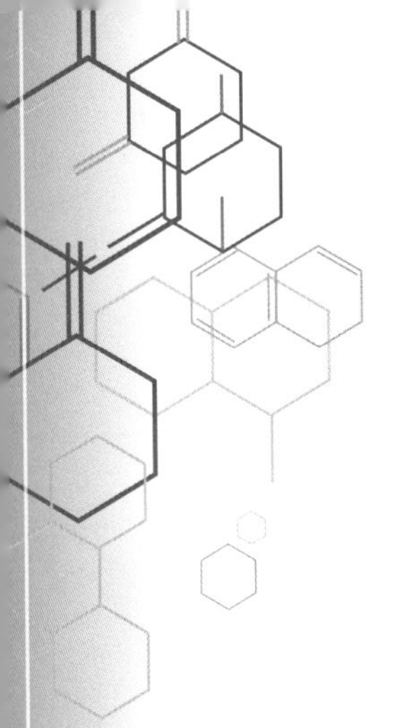

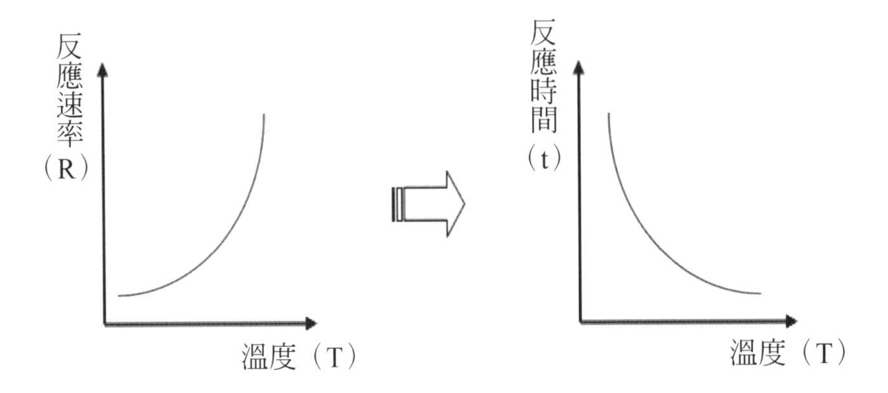

重要觀念建立 5-10

阿志在白紙中心劃上「㊣」，將燒杯放在「㊣」，倒入不同溫度的硫代硫酸鈉和鹽酸溶液，紀錄沉澱恰好完全遮住「㊣」的時間，結果如表所示。

	硫代硫酸鈉溶液	鹽酸	溫度	遮住「㊣」的時間
甲	0.2M，200mL	0.5M	30℃	40 秒
乙	0.2M，200mL	0.5M	50℃	15 秒
丙	0.2M，200mL	0.5M	40℃	25 秒

①有關此實驗敘述，何者正確？

(A) 溫度愈高，遮住「㊣」所需時間愈短，表示反應速率愈大，產生沉澱愈多

(B) 遮住「㊣」的物質是二氧化硫

(C) 此實驗反應速率可用「$\frac{沉澱產生量}{時間}$」表示

(D) 由實驗可得知，溫度和反應速率恰好成正比。

②由表(一)中實驗結果，可推測乙、丙反應速率比最可能為？

(A) 5：4　(B) 4：5　(C) 3：5　(D) 5：3。

解析

答案：① C

② D

① (A)硫（產物）沉澱的多寡，取決於反應物的量，和反應速率無關。

(B)二氧化硫不是飄散走，就是溶於水形成透明的硫酸水溶液，兩者都無法遮住底部的㊣。

(D)溫度和反應速率有正向的關係，並非正比。

② 反應速率可用時間倒數表示，$R_{乙}：R_{丙} = \frac{1}{15}：\frac{1}{25} = 5：3$

5. 催化劑

我們利用加熱的方式，來幫助反應物粒子在碰撞時擁有更多的能量，可以更輕鬆地跨越「活化能」的門檻，增加「有效碰撞」的機率，進而提升反應速率。但很多情況下我們其實不方便隨意改變化學反應時的溫度條件。想想看，就生命體而言，如果某項機能必須要提升反應速率，不然可能就會無法正常運作，如果靠增加溫度來提升反應速率，很有可能對別的機能造成傷害。就工業上而言，為了增加生產效益，業者都會想方設法來

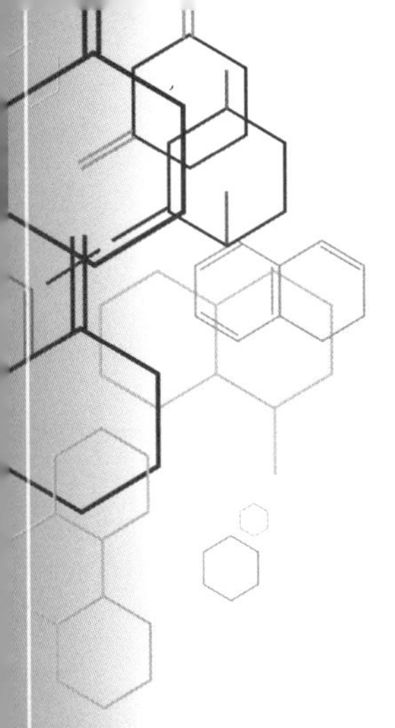

提升反應速率，如果靠加熱來提升反應速率，需要額外增加能量，成本相對也將提高。這時候我們就會使用催化劑。

催化劑可以改變化學反應時「活化能」的高低，進而改變反應速率。若催化劑使門檻降低了，反應物粒子碰撞時的能量就更容易達到「活化能」，使「有效碰撞」的機率增加，反應速率也就跟著提升了；反之，則反應速率變慢（註2）。

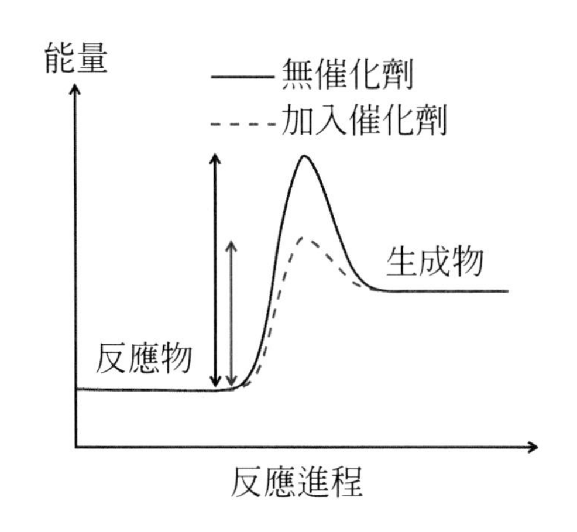

(1) 催化劑的重要特性：

①催化劑無法改變法應結果

催化劑的作用就只是改變化學反應速率，原本無法發生的化學反應不會因爲加入了某個物質當作催化劑而發生。如氧化鎂

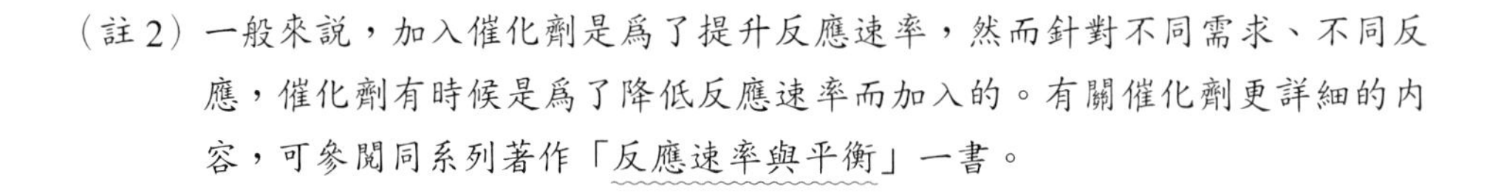
（註2）一般來說，加入催化劑是爲了提升反應速率，然而針對不同需求、不同反應，催化劑有時候是爲了降低反應速率而加入的。有關催化劑更詳細的內容，可參閱同系列著作「反應速率與平衡」一書。

（MgO）+ 碳（C），依照氧化活性[註3]判斷，我們不用期待反應後可得到二氧化碳（CO_2）+ 鎂（Mg），因為這化學反應根本不可能發生，當然也無法找到使之發生的催化劑。催化劑也無法改變生成物的總產量，能得到多少生成物要看消耗掉多少反應物而定。

②催化劑具有選擇性

催化劑並不是所有化學反應通用的，它具有選擇性，某種化學反應只適用某種特定的催化劑，例如某化學反應可用A當作催化劑，但A在其他化學反應中可能一無是處；另外，也不是所有的化學反應都有催化劑。

③催化劑會參與化學反應

催化劑在化學反應前後的質量不變，化學性質也不變，僅外觀上可能有些變化，簡單來說，反應前催化劑是什麼物質，反應後依然是該物質，這很容易讓人誤解，以為催化劑沒有參與反應，但事實上在化學反應中，催化劑也參與反應，只是在反應結束後它又全身而退。

④催化劑的別稱

不論是生命體維持生命機能，或是工業上、醫學上種種的研發與生產，這些都與化學反應密不可分，為了是反應速率達到效益，常常都需要催化劑的幫忙，使用於不同的對象，名稱也有所差

（註3）不同物質對氧有不同的活性，氧化活性大小影響氧化的難易度，有關氧化活性更詳細的內容，請參閱同系列著作「氧化還原」一書。

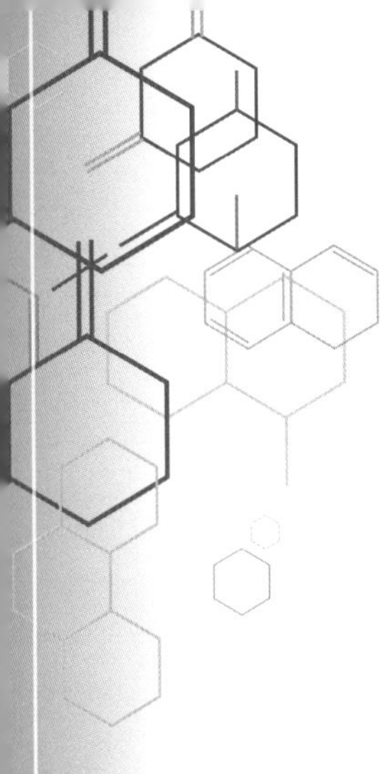

異，生物體內的催化劑稱爲「酵素（酶）」，而工業上的催化劑稱爲「觸媒」。

(2) 常見的催化劑：

催化劑在不影響化學反應結果的情況下，爲相同的化學反應開闢了一條不同的路徑，有效地改變反應速率，不論是在生命體中或是人類科學裡都被廣泛的應用。我們來看看一些常見的催化劑。

①過氧化氫（H_2O_2）分解：

I. 過氧化氫（H_2O_2）在常溫下就可發生分解反應，生成氧氣及水，但速率很慢，若添加二氧化錳（MnO_2）作爲催化劑，則分解速率明顯加快。

反應式：$2H_2O_2 \xrightarrow{MnO_2} 2H_2O + O_2$

II. 生物體內代謝反應常會產生過氧化氫（H_2O_2），這對生物是有危害的，所以大部分生物體內都有過氧化氫酶，以盡快分解掉產生的過氧化氫（H_2O_2）。以雙氧水（過氧化氫水溶液）清洗傷口會產生大量氣泡，就是因傷口處有過氧化氫酶以及血液中有亞鐵離子（Fe^{2+}）的緣故，這些都會加速過氧化氫（H_2O_2）分解成氧氣及水，而產生的氣泡就是氧氣。

②澱粉水解：

澱粉水解反應式：澱粉$\xrightarrow{\text{水解}}$糊精$\xrightarrow{\text{水解}}$麥芽糖$\xrightarrow{\text{水解}}$葡萄糖，可用唾液中的澱粉酶促使澱粉水解。另外稀鹽酸液可作爲澱粉水解之催化劑。

③胃液中的胃蛋白酶可將蛋白質作初步分解。

▲豬肝中也內含過氧化氫的催化劑

④哈柏法製氨：

氨是非常重要的化合物，它幾乎是所有食物和肥料的重要成分，同時也是很多藥物及化學用品直接或間接的成分，用途相當廣泛，是世界上產量最多的無機化合物之一。

19世紀的科學家們知道利用氮、氫和成氨，卻一直無法有效率地生產氨，直到哈柏法問世，人們才得以大量生產氨，然而到此時研究歷程約經歷了150年，而哈柏也在1918年榮獲諾貝爾化學獎。直到現在，全世界都還是用哈柏法在製氨。

反應式：$N_2 + 3H_2 \xrightarrow{\text{高溫、高壓、鐵粉}} 2NH_3$

其中鐵粉即為催化劑，而溫度：400～500℃、壓力：500～1000大氣壓。

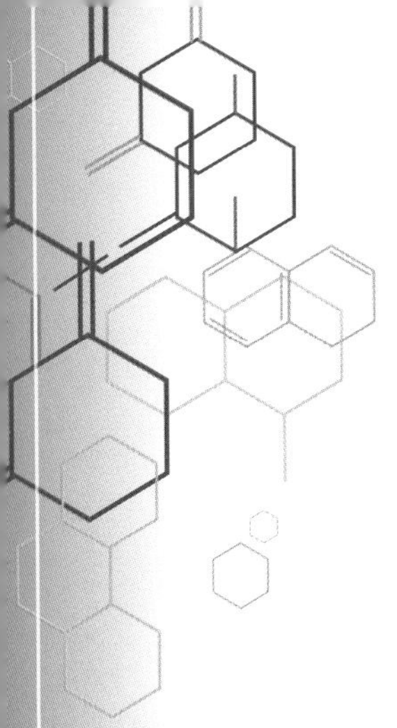

重要觀念建立 5-12

設有一化學反應經下列三步驟進行：

步驟一：$AB + 2C \rightarrow AC + CB$

步驟二：$AC + D \rightarrow AD + C$

步驟三：$CB + E \rightarrow EB + C$

則①此化學反應之催化劑爲何？

②總反應式又爲何？

解析

答案：①C為催化劑

②$AB + D + E \xrightarrow{C} AD + EB$

由於催化劑有參與反應，反應中有可能和其它反應物形成中間產物，但最終又會全身而退，回復成一開始的物質，依照這樣的特性，不難發現只有C物質可能為催化劑。

若要化簡成總反應式，只需將步驟一至三，反應前後都有出現的物質消掉，即可得到總反應式：$AB + D + E \xrightarrow{C} AD + EB$。

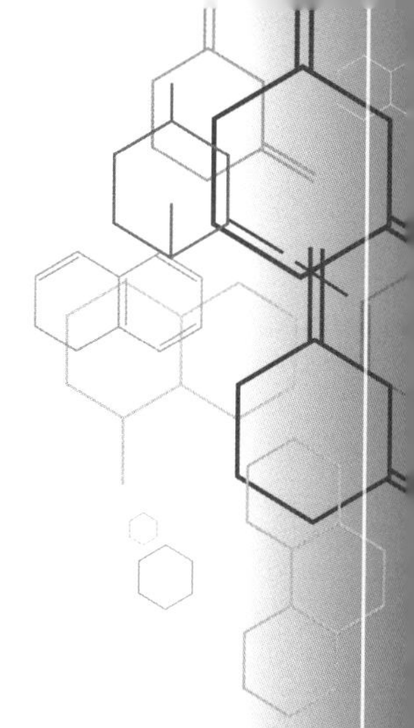

重要觀念建立 5-13

甲：30% 雙氧水 10g、乙：10% 雙氧水 30g，分別將 2g 皆爲粉狀的二氧化錳加入甲、乙兩錐形瓶中製備氧氣。則關於此實驗下列敘述何者錯誤？

(A) 30% 雙氧水比 10% 雙氧水反應速率快

(B) 反應結束後，甲瓶得到的氧氣比乙瓶多

(C) 此實驗的產物爲水和氧氣

(D) 反應結束後，兩瓶都留有 2g 的二氧化錳。

解析

答案：(B)

(A) 放入相同的二氧化錳當作催化劑，很容易讓人誤以為反應速率應相同，但別忘了濃度也是影響反應速率的因素，故甲瓶比乙瓶快是正確的。

(B) 產物的多寡需視反應物的量，甲瓶30%雙氧水10g，其中溶質H_2O_2含量3g；乙瓶10%雙氧水30g，其中溶質H_2O_2含量也是3g，所以產物氧氣應該一樣多。

(C) $2H_2O_2 \xrightarrow{MnO_2} 2H_2O + O_2$

(D) 催化劑反應前後質量不變。

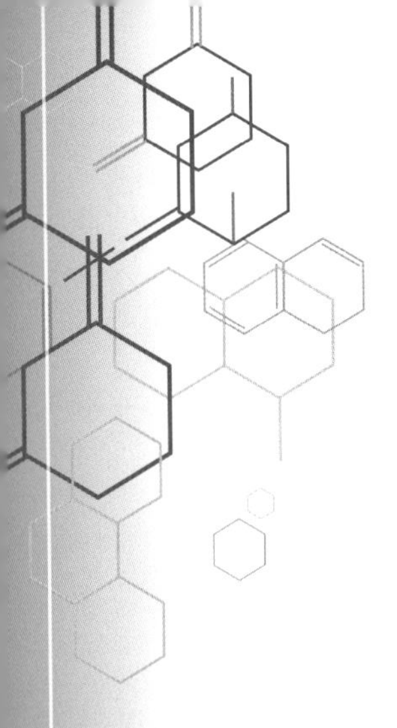

本章學習重點

1. 化學反應需由反應物粒子的碰撞才能發生，且並非隨易碰撞皆可，必須是「有效碰撞」。
2. 所謂「有效碰撞」係指反應物粒子碰撞時的方位要正確，且碰撞時能量要足夠，二者缺一不可。
3. 反應速率係指化學反應的快慢程度，亦可説是單位時間內「有效碰撞」的機率，機率愈高，反應速率愈快，反之則愈慢。
4. 若要改變反應速率，使之增快或減慢，則必須改變「有效碰撞」的機率，可從顆粒大小（表面積）、溫度、濃度……等方面著手，但這些方法無法使反應所需的「活化能」有所改變。
5. 催化劑亦可改變反應速率，但與上述方法不同之處在於催化劑是藉由改變「活化能」來影響反應速率，且催化劑有參與反應，但不會影響生成物種類及產量。

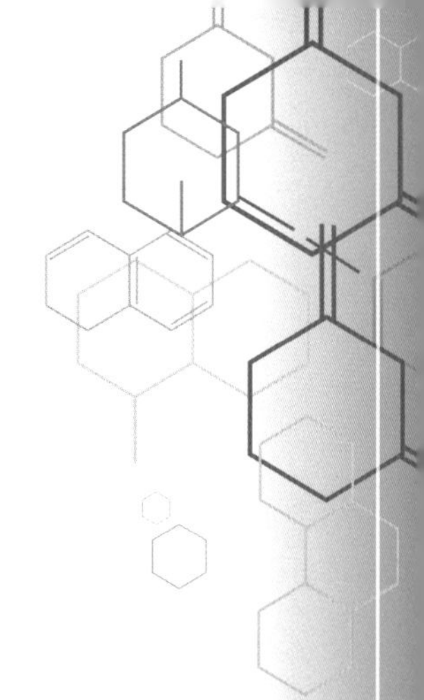

學習上易犯錯的地方與注意事項

1. 催化劑反應前後質量不變，感覺上好像與反應無關，但實際上催化劑可是有參與反應的唷。
2. 不是每種反應都有催化劑可用的，且若此化學反應有可用的催化劑，則該反應在無添加催化劑作用時應亦可反應。
3. 顆粒愈小則表面積愈大，這樣的說法是必須建立在相同質量的同物質上喔。
4. 溫度愈高反應速率愈快，但溫度和反應速率之間為正向關係而非正比。
5. 反應速率愈快，反應所需時間愈少，兩者為反比，所以若要以時間（t）來表示反應速率（R）時，記得要用時間倒數（t^{-1}）來表示。
6. $R = k[A]^x[B]^y$。x、y與係數a、b無關，x不一定等於a，y也不一定等於b。

第六章 可逆反應

本章導讀

一般化學反應的反應方向，由反應物（左方）經過化學變化得到生成物（右方）。

如：A + B → C + D

這樣的化學反應只要A或B其中一個反應物耗盡，整個化學反應即終止。

然而有些化學反應，不但可以由左至右，當反應到達某種程度時，甚至可以由右返左，如此的化學反應我們稱之爲「可逆反應」。

如：A + B ⇄ C + D

像這樣的化學反應沒有所謂的終止，只會到達平衡。

自然界的一切不論是能量也好、物質也好，都在追求一個平衡，化學反應亦是如此。本章節將教導化學反應如何到達平衡，以及達到的平衡如果被破壞時，反應又將會如何變動，以追求下一次的平衡。

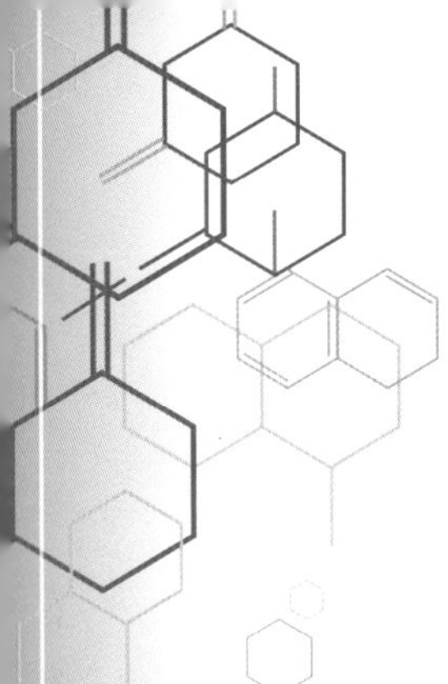

學習概念圖

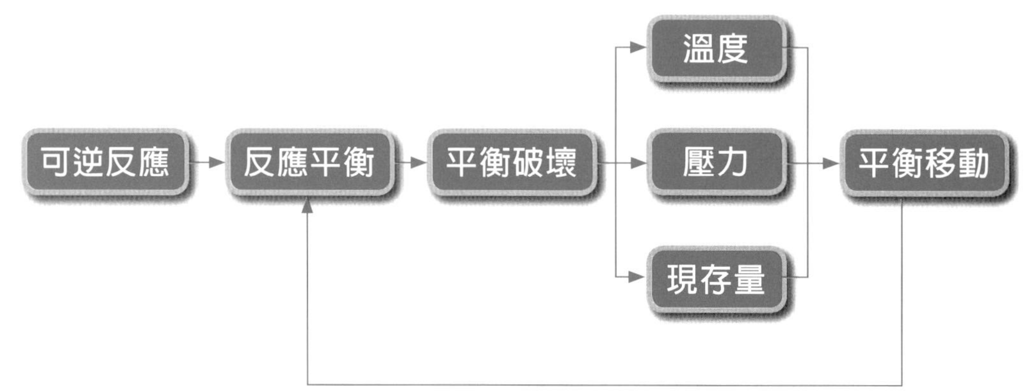

1 可逆反應

阿昊在一次參觀科學展的機會，偶然看見了一幅「晴雨畫」，這幅畫是將某種特殊的化學物質塗在表面而製成，在雨天潮濕的氣候時，畫面呈現粉紅色，但一到晴朗乾燥的氣候時，畫面又變成藍色，阿昊看得目瞪口呆，不明白其中的道理，於是請教一旁的指導老師，老師也細心的回答：「其實這只是利用氯化亞鈷跟水的化學反應所製造出來的效果：含水的氯化亞鈷呈粉紅色，而無水的氯化亞鈷呈藍色，由於這個反應是屬於『可逆反應』，所以顏色才可以不斷反複地變來變去呀！」。阿昊恍然大悟道：「哦！原來如此啊！」，剛剛才對化學反應有了初步認識的阿昊，馬上又有了新的領悟：「所以化學反應還可以逆向反應回去喔！我得好好來研究研究」。

阿昊不斷地反覆思考在科學展上聽到指導老師所說的「可逆反應」這個辭彙，心中滿是疑問，「是不是所有的化學變化都是可逆反應？」、「如果化學變化有可逆性，那物理變化也有可逆性嗎？」、「生活中有沒有什麼可逆反應的例子？」一連串的問題想得阿昊頭都痛了，於是他決定按部就班，一步步抽絲剝繭來瞭解可逆反應的眞正道理。

我們習慣將反應向右（→）如A+B→C+D稱爲正反應，向左（←）如A + B←C + D稱爲逆反應。若在相同條件下，正反應、逆反應可同時進行的，稱爲可逆反應。可逆反應中的進行方向以「 $\rightleftharpoons$ 」表示。如某反應式爲：A + B $\rightleftharpoons$ C + D，則：

A與B反應生成C和D即爲正反應，反應向右；C和D反應生成A與B即爲逆反應，反應向左。

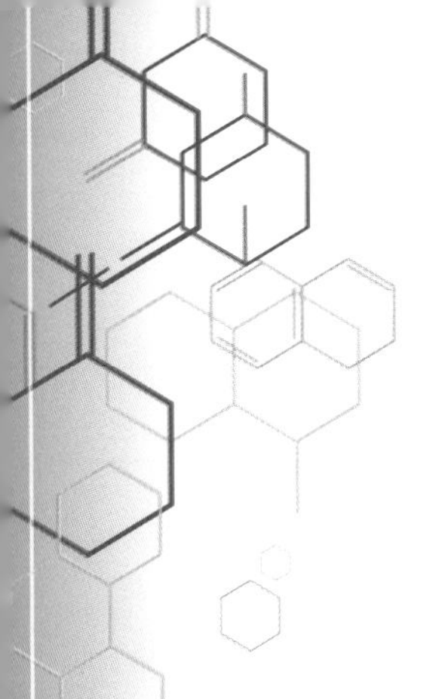

並非所有的化學反應都是可逆反應，如酒精（C_2H_5OH）燃燒生成水蒸氣（H_2O）與二氧化碳（CO_2），但水（H_2O）與二氧化碳（CO_2）反應只能形成碳酸（H_2CO_3），無法得到酒精（C_2H_5OH）；又如生米可煮成熟飯，而熟飯怎能變回生米……等，像這類型的反應皆爲單向反應。

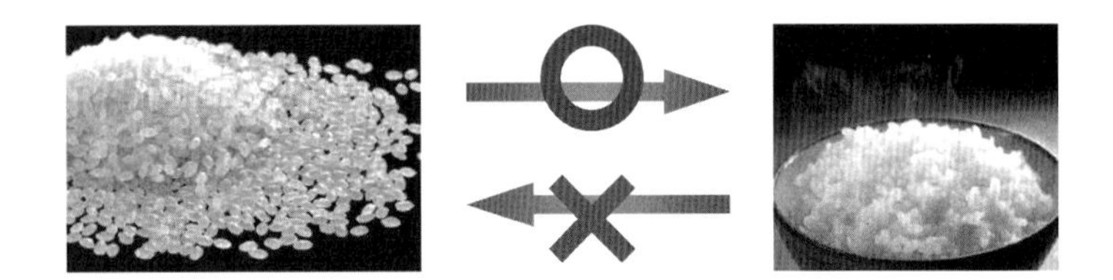

有的化學反應雖具有可逆性，但逆反應的速率太慢，甚至與正反應速率相較之下可被忽略，像這種正反應速率遠大於逆反應速率的化學反應也視爲單向反應。一個可逆反應在正反應出現生成物時，逆反應隨即開始。

反應的可逆性並不只存在於化學變化，物理變化也常有可逆反應出現，只是本書爲化學反應，故主要以化學變化的可逆反應來作說明。

一、以物理變化來說，常見的可逆反應如下：

1. 沉澱在杯底的糖看似穩定，其實糖正不斷地溶解到糖水溶液中，而溶液中的糖也不斷析出。
2. 液態水可蒸發成水蒸汽，而水蒸氣亦可凝結成液態水。

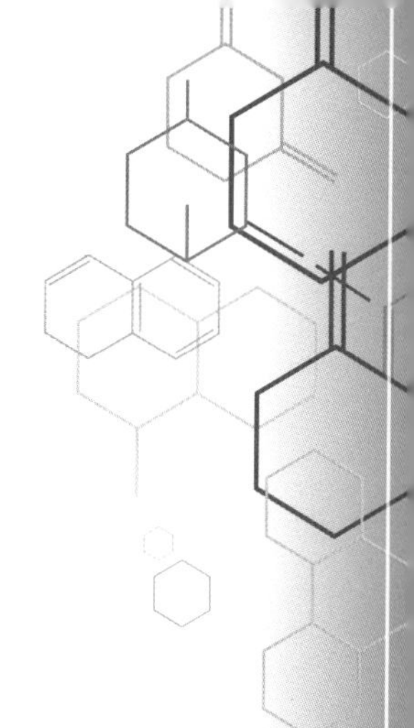

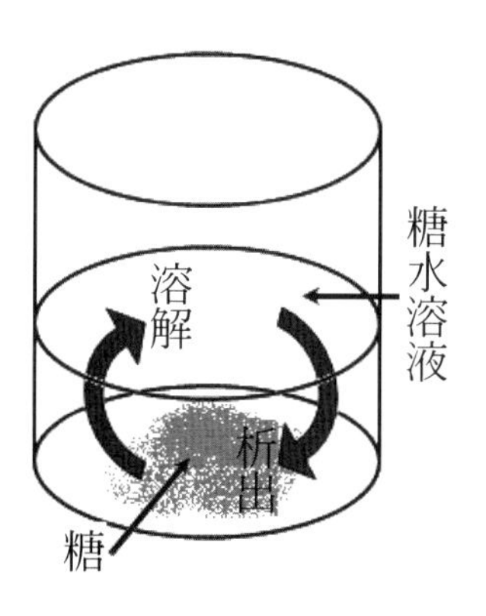

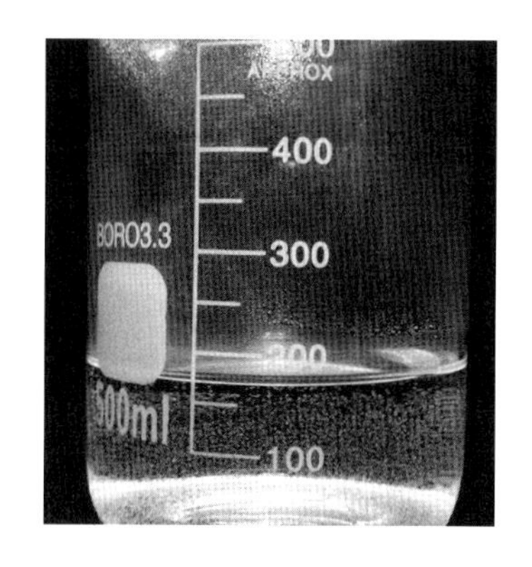

二、以化學變化來說，常見的可逆反應如下：

1. 鉻酸鉀溶液加硫酸，反應生成二鉻酸鉀。

反應式：$2K_2CrO_4 + H_2SO_4 \rightleftharpoons K_2Cr_2O_7 + H_2O + K_2SO_4$

黃色　　　　　　　　橘色

2. 四氧化二氮受熱分解成二氧化氮。

反應式：N_2O_4 + 熱 $\rightleftharpoons 2NO_2$

無色　　　　棕色

線上及時講堂：

電石 & 水

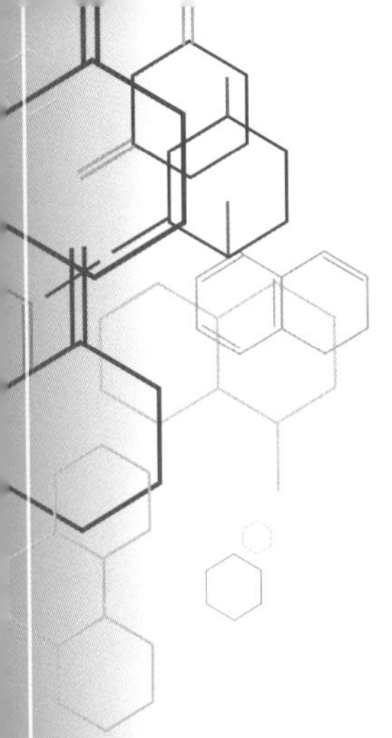

2 化學平衡

經過一番努力，阿昊對可逆反應總算有點眉目了，心中不免有點小開心，然而向來喜歡打破砂鍋問到底的阿昊，這時心中又有了新的疑惑：「既然可逆反應可以來回不斷反應，那像這類的反應有沒有所謂的『反應完』的時候呢？」，想到這裡，阿昊不禁抓抓頭，暗自嘆道：「看來革命尚未成功，同志仍須努力……，我還得再加把勁呢！」。

化學反應的可逆反應中，當正反應速率（$R_{正}$）＝ 逆反應速率（$R_{逆}$），即爲化學平衡。我們以下圖來做個說明。反應最開始時，系統內只有正反應的反應物（A、B），而逆反應的反應物（C、D）此時還未出現，所以逆反應速率趨近於零。當正反應出現生成物（C、D），也就是逆反應的反應物時，逆反應隨即開始，但此時A、B的存量[註1]（濃度）仍遠大於C、D的存量（濃度），所以反應初期正反應速率遠大於逆反應速率。隨著反應進行，A、B的存量（濃度）漸漸減少，正反應速率愈來愈慢，而C、D的存量（濃度）漸漸增加，逆反應速率愈來愈快，此消彼長，最終正、逆反應速率達到一樣，意味著A、B生成C、D的速率等於C、D生成A、B的速率，如此一來，整個可逆反應中的各物質存量將不再變動，即達平衡。

（註1）存量即現存量，可用濃度、數量（莫耳數）、質量、體積……等表示。

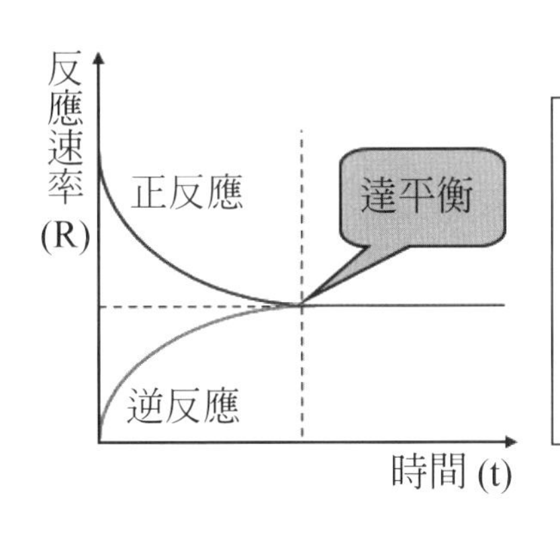

$$\text{反應式：}aA + bB \underset{R_{逆}}{\overset{R_{正}}{\rightleftarrows}} cC + dD$$

$$\begin{cases} R_{正}\text{：正反應速率} \\ R_{逆}\text{：逆反應速率} \end{cases}$$

一、化學平衡的特性

1. 當化學反應達到平衡時，此時正反應與逆反應以相同速率持續進行，並未停止反應，故化學平衡屬於**動態平衡**。
2. 當化學反應達到平衡時，正反應與逆反應速率相同，即反應物與生成物消長的速率相同，所以兩者的存量在整個反應系統內保持不變，但不見得相同。
3. 化學反應式中的平衡係數比，是指反應時各反應物**消耗的莫耳數**與生成物**生成的莫耳數**比，而非反應達平衡時各反應物與生成物的存量比。
4. 可逆反應發生時，若正反應吸熱，則逆反應放熱，反之亦然；若正反應產生氣體，則逆反應消耗氣體，反之亦然。故化學平衡必須發生在密閉系統內，且反應條件（如溫度、壓力……等）將維持固定。

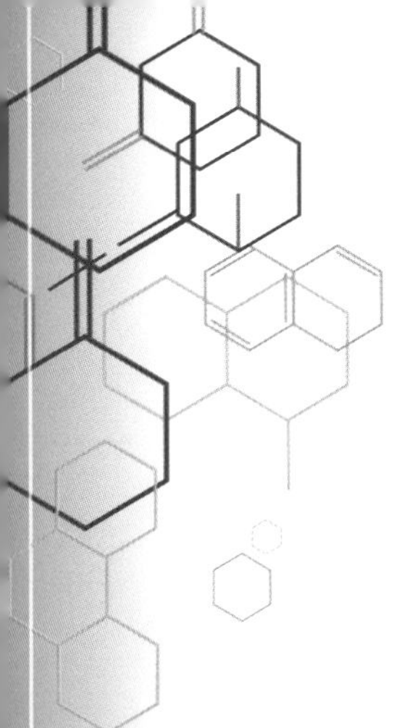

二、化學平衡與催化劑

在前一章節有提到催化劑會改變反應速率，若在可逆反應中加入催化劑，則催化劑會同時且等幅度地改變正反應和逆反應速率。所以催化劑無法改變化學反應的平衡狀態及平衡係數，僅可改變達到化學平衡所需要的時間。

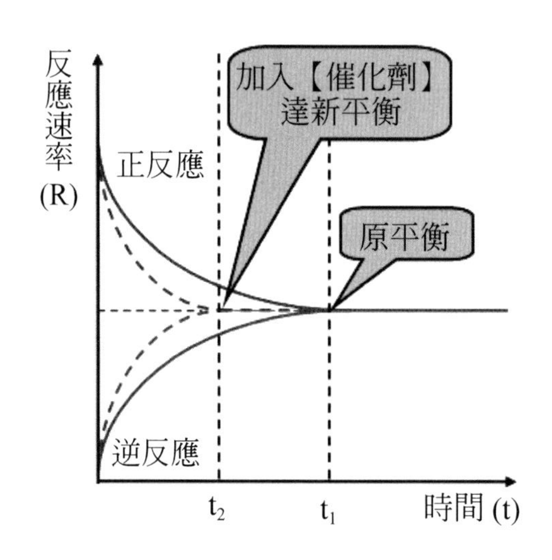

重要觀念建立 6-1

可逆反應式：$2A_{(aq)} + B_{(aq)} \rightleftharpoons 3C_{(aq)} + D_{(aq)}$ + 熱，B 爲紅色溶液，其餘三溶液皆爲無色。當反應達到平衡時，必會出現下列何種現象？

(A) 溶液呈無色

(B) C 的莫耳數大於 B 的莫耳數

(C) A、B、C、D 的莫耳數比爲 2：1：3：1

(D) 溶液中同時存在 A、B、C、D 四種物質。

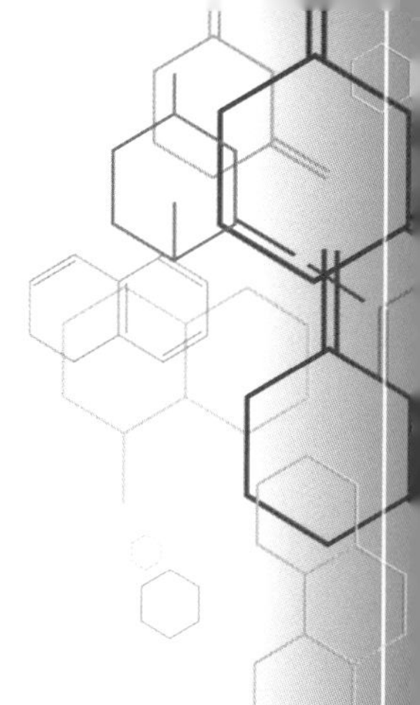

解析

答案：(D)

(A)、(D)當反應達平衡時，A、B、C、D四種物質必同時存在，或多或少罷了，所以絕對不可能呈無色。

(B)、(C)雖然C的平衡系數大於B的，但那只是反應時B、C生成與消耗的莫耳數的莫耳數比，而非存量比。存量的多寡，還是要以一開始的量作為判斷依據。

有關化學反應在達到平衡前的敘述，下列何者正確？

(A) 僅有正反應進行

(B) 反應物必逐漸減少

(C) 生成物必逐漸增加

(D) 必有一個以上的物質濃度提高。

解析

答案：(D)

(A)可逆反應在正反應一旦出現生成物，逆反應隨即開始。

(B)、(C)、(D)正反應速率大於逆反應時，生成物濃度提高；而逆反應速率大於正反應時，反應物濃度提高。

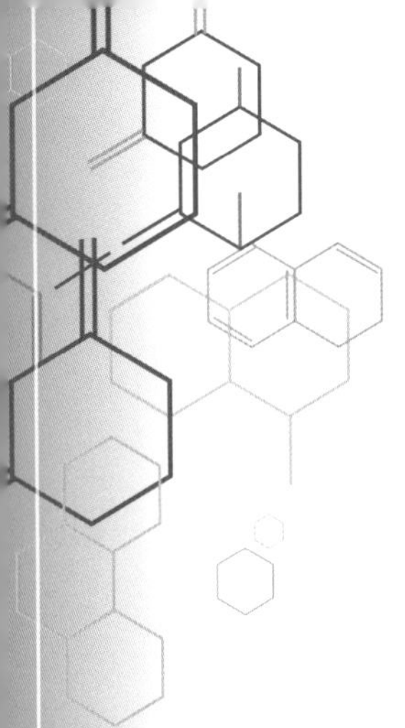

3 平衡常數（K_c 與 K_p）

當化學反應達平衡時，各反應物及生成物的濃度維持固定。以$aA + bB \rightleftharpoons cC + dD$反應式為例，當此反應達平衡時，[A]、[B]、[C]、[D]（註2）均維持定值。

此時$R_{正} = k_{正}[A]^a[b]^b$，$R_{逆} = k_{逆}[A]^c[b]^d$，

由於$R_{正} = R_{逆}$，故得$k_{正}[A]^a[b]^b = k_{逆}[A]^c[b]^d$，

令$K_C = \frac{k_{正}}{k_{逆}}$，再經過簡單移項得$K_C = \frac{k_{正}}{k_{逆}} = \frac{[C]^c[D]^d}{[A]^a[B]^b}$，但$k_{正}$不一定等於$k_{逆}$。

而K_c即為**濃度平衡常數**，簡稱**平衡常數**，可簡寫為K。平衡常數K_c可幫助我們預測反應的有利方向：

若$K_c \gg 1$，表示平衡時生成物C、D的量遠多於反應物A、B的量，可視為向右的單向反應；

若$K_c \ll 1$，表示平衡時反應物A、B的量遠多於生成物C、D的量，可視為向左的單向反應。

另外，我們還可任意取反應物[A]、[B]，經由$K_c = \frac{[C]^c[D]^d}{[A]^a[B]^b}$的計算，預測出生成物[C]、[D]理論上的產量。若反應物及生成物為氣相，則平衡常數改用K_p，$K_p = \frac{P_C^c P_D^d}{P_A^a P_B^b}$。

（註2）[A]、[B]、[C]、[D] 為 A、B、C、D 的莫耳濃度。

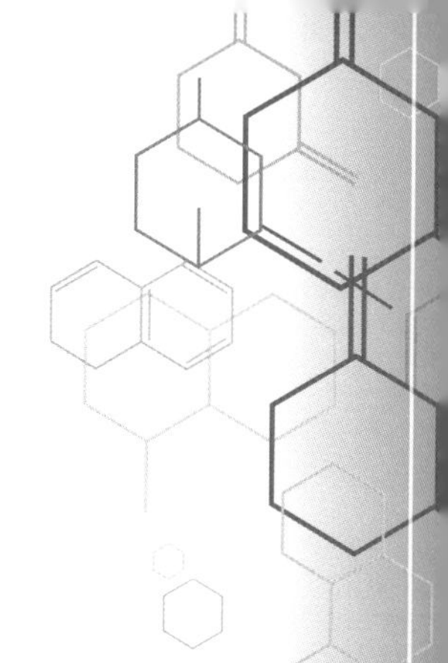

重要觀念建立 6-3

反應式 $2X_{(aq)} + Y_{(aq)} \rightleftharpoons Z_{(aq)}$，當 2M 的 X 與 1M 的 Y 反應達平衡後可得 0.5M 的 Z。若改由 1M 的 Y 製備 0.9M 的 Z，則所需 X 的最低初始濃度應爲多少 M？

解析

答案：4.8M

原反應

2X	+	Y	⇄	Z
2		1		0
−1		−0.5		+0.5
1		0.5		0.5

$$K_C = \frac{[0.5]^1}{[1]^2[0.5]^1} = 1$$

定溫下，K_c值不變，亦不受濃度影響。

新反應

2X	+	Y	⇄	Z	設X原有aM
a		1		0	
−1.8		−0.9		+0.9	
a−1.8		0.1		0.9	

$$K_C = \frac{[0.9]^1}{[a-1.8]^2[0.1]^1} = 1，$$

$a = 4.8\ M$

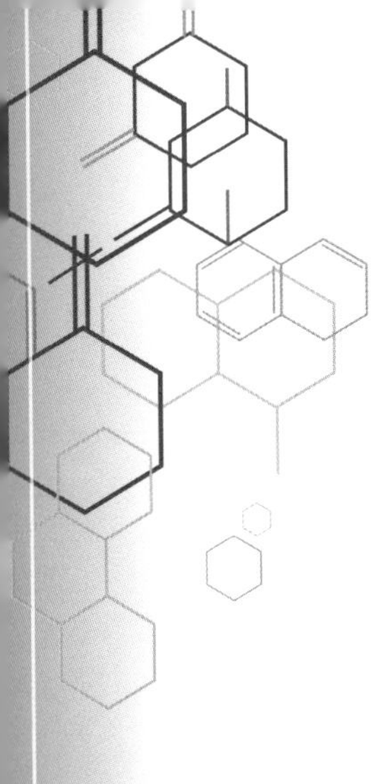

4 平衡變動（移動）

「哈哈，果然之前的懷疑是必要的，可逆反應只會達到平衡，不會『反應完』。」阿昊一副沾沾自喜的模樣，就在此時，與阿昊一樣喜愛科學的阿爲忽然跑來叫道：「欸，阿昊，你剛剛做的實驗，錐形瓶裡裝的是什麼啊？」，阿昊回道：「喔，那是鹽酸加碳酸鈣啊，我在製造二氧化碳啦，已經達平衡了，應該沒有什麼氣泡了吧！」，沒想到阿爲卻說：「沒有耶，我剛剛把橡皮塞拔掉，氣泡又不斷湧出，嚇我一跳，我才問你的啊！」。

阿昊此時忽然一個念頭閃過：「明明已經平衡了，卻又明顯發生反應，難道化學平衡只能發生在某種特殊條件下，若條件改變，已達的平衡會被破壞嗎？」

一、平衡變動

如前文所說，可逆反應發生時，若正反應吸熱，則逆反應放熱，反之亦然；若正反應產生氣體，則逆反應消耗氣體，反之亦然。所以當可逆反應已達平衡時，吸、放熱速率應相等，故系統溫度應維持固定；若反應中有氣態物質，則在密閉環境下，氣體的生成與消耗速率也應相等，故系統壓力也應維持固定。

由此可知，已達平衡的化學反應，除了反應的各物質的存量維持不變以外，反應的條件（溫度、壓力……等）也將維持不變。若將這些條件改變，則正、逆向反應速率將不再相同，平衡將遭到破壞，反應會偏向某方向進行，此現象稱爲**平衡變動**或稱**平衡移動**。

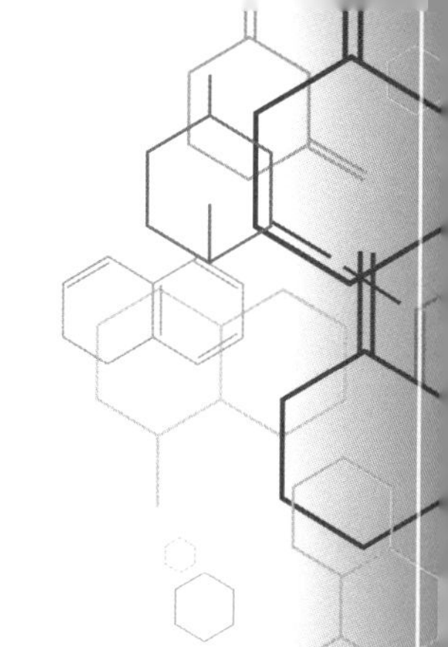

平衡遭到破壞後的可逆反應，其正、逆反應速率會再度漸漸靠近直到相等，達到新的平衡，但新、舊平衡狀態的各方面條件（如溫度、壓力、存量……等）都將不同。

重要觀念建立 6-4

氮氣與氫氣在高溫、高壓下製氨的化學反應為一可逆反應，其平衡反應式如下：

$$N_2 + 3H_2 \underset{400^\circ C,\ 200\sim1000atm}{\overset{Fe}{\rightleftharpoons}} 2NH_3$$

若改變反應條件時，下列何者不會使平衡反應式發生改變？

【94 基本學測一】

(A) 增加氮氣與氫氣的濃度　(B) 增加催化劑的量

(C) 增高溫度　(D) 增大壓力。

解析

答案：(B)

(A)、(B)、(C)、(D)都將改變正、逆反應的反應速率，但唯有(B)催化劑，可確定正、逆反應速率改變幅度相同，不會使化學平衡發生改變。

二、勒沙特列原理

當可逆反應的平衡因某些因子而遭到破壞時，反應會開始往正或逆反應方向移動，而移動的目的是為了**消弭破壞平衡的因子**。利用這樣的特性，很容易便可預測平衡被破壞的化學反應，將會往正反應方向或逆反應方向移動。

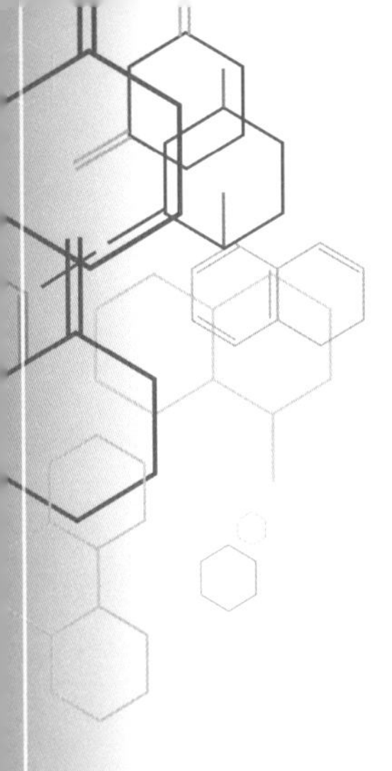

三、影響化學平衡因素

影響化學平衡因素有**溫度**、**壓力**及**反應物或生成物的現存量**，以下將以重要觀念建立作說明。

(1) 反應物或生成物的存量：

重要觀念建立1：**鉻酸鉀＋硫酸 $\rightleftharpoons$ 二鉻酸鉀＋水＋硫酸鉀**

（黃色）　　　　（橘色）

反應式：$2K_2CrO_{4(aq)} + H_2SO_{4(aq)} \rightleftharpoons K_2Cr_2O_{7(aq)} + H_2O_{(l)} + K_2SO_{4(aq)}$

（黃色）　　　　（橘色）

當此反應達平衡時，各物質存量不再變化，故顏色不再變化。此時對此平衡的系統加入**硫酸**及**氫氧化鈉**，則平衡變動將如下表：

	加入硫酸	加入氫氧化鈉
破壞平衡的因子	H_2SO_4 現存量的增加	H_2SO_4 現存量的下降（和硫酸發生酸鹼中和反應）
平衡移動方向	反應向右移動，試圖減少 H_2SO_4 的量以消滅破壞因子。	反應向左移動，試圖增加 H_2SO_4 的量以消滅破壞因子。
反應速率變化	$R_{正}$增快，$R_{正} > R_{逆}$	$R_{正}$變慢，$R_{正} < R_{逆}$
溶液顏色變化	黃 → 橘	橘 → 黃

重要觀念建立2：**溴＋ 水 $\rightleftharpoons$ 氫離子＋ 溴離子＋ 次溴酸**

（紅棕色）　　　　（無色）　（無色）

反應式：$Br_{2(l)} + H_2O_{(l)} \rightleftharpoons H^+_{(aq)} + Br^-_{(aq)} + HBrO_{(aq)}$

（紅棕色）　　　　　　　　（無色）（無色）

溴水因爲溴分子的關係，會呈現紅棕色。當此反應達平衡時，各物質存量不再變化，故顏色不再變化。此時對此平衡的系統加入**酸性**及**鹼性物質**，則平衡變動將如下表：

	加入酸性物	加入鹼性物
破壞平衡的因子	溶液中 H^+ 濃度的增加	溶液中 H^+ 濃度的下降（酸鹼中和，OH^-↑而 H^+↓）
平衡移動方向	反應向左移動，試圖減少 H^+ 的濃度以消滅破壞因子。	反應向右移動，試圖增加 H^+ 的濃度以消滅破壞因子。
反應速率變化	$R_{逆}$增快，$R_{逆} > R_{正}$	$R_{逆}$變慢，$R_{正} > R_{逆}$
溶液顏色變化	顏色（紅棕色）變深	顏色變淺，甚至無色

重要觀念建立 6-5

桌上有一杯 K_2CrO_4 溶液，已知 K_2CrO_4 在溶液中解離的方程式爲：$2CrO_4^{2-} + 2H^+ \rightleftharpoons Cr_2O_7^{2-} + H_2O$，又 CrO_4^{2-} 爲黃色、$Cr_2O_7^{2-}$ 爲橘紅色。若要使杯中橘紅色變得更深，則下列何種處理方式是無效的？

(A) 添加鹽酸　(B) 使溶液的 pH 值降低

(C) 添加 K_2CrO_4　(D) 提高溶液的 pH 值。

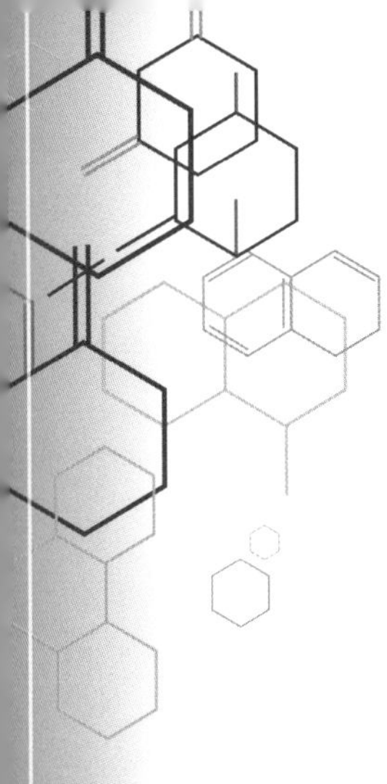

解析

答案：(D)

若要使杯中橘紅色變更深，反應必須向右移動。(A)、(B)會增加H^+的濃度，(C)會增加CrO_4^{-2}的濃度，都是以增加反應物的存量為破壞因子來破壞平衡，為消滅破壞因子，反應勢必向右移動來減少增加的反應物，而顏色偏向橘紅色。反觀(D)會減少H^+的濃度，如此反應則會向左，而顏色偏向黃色。

重要觀念建立 6-6

已知鉻酸根（黃色）與二鉻酸根（橘色）的可逆反應如下：

$2CrO_4^{2-} + 2H^+ \rightleftharpoons Cr_2O_7^{2-} + H_2O$，若鉻酸根與二鉻酸根達成平衡後，在溶液中加入碳酸鉀固體，則溶液將會發生什麼變化？

(A) 正逆反應速率都變慢，溶液顏色不變
(B) 正逆反應速率都不受影響，溶液顏色不變
(C) 正反應速率變慢，使平衡向左移動，溶液顏色變得更接近黃色
(D) 正反應速率變快，使平衡向右移動，溶液顏色變得更接近黃色。

解析

答案：(C)

碳酸鉀雖屬鹽類，不是直接的鹼或酸類，但它屬於鹼性鹽類，一樣會因酸鹼中和而降低系統中的H^+濃度，如上題，反應將向左移動，故答案選(C)。

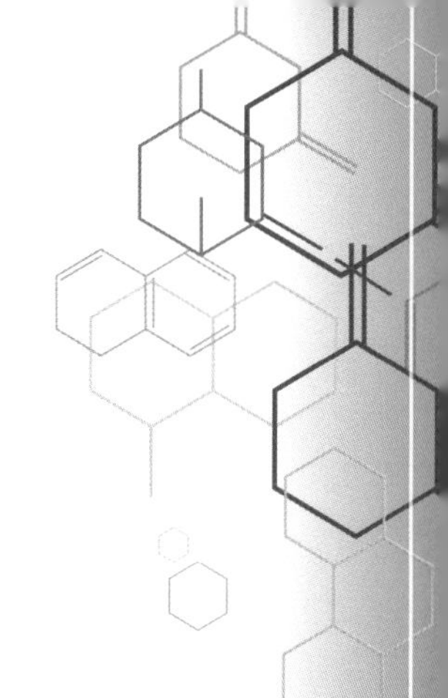

(2) 溫度：

重要觀念建立：**四氧化二氮＋熱 ⟷ 二氧化氮**

（無色）（紅棕色）

反應式：$N_2O_{4(g)}$ + **熱** ⟷ $2NO_{2(g)}$

（無色）（紅棕色）

正反應爲吸熱反應，加熱增溫有助於四氧化二氮（N_2O_4）分解成二氧化氮（NO_2），當此反應達平衡時，各物質存量不再變化，故顏色不再變化。此時對此平衡的系統**增溫**及**降溫**，則平衡變動將如下表：

	增溫	降溫
破壞平衡的因子	增加的熱能	減少的熱能
平衡移動方向	反應向右移動，試圖減少系統中的熱能	反應向左移動，試圖增加系統中的熱能
反應速率變化	$R_{正}$增快，$R_{正} > R_{逆}$	$R_{正}$減慢，$R_{正} < R_{逆}$
溶液顏色變化	氣體顏色偏向紅棕色	氣體顏色變淺甚至無色

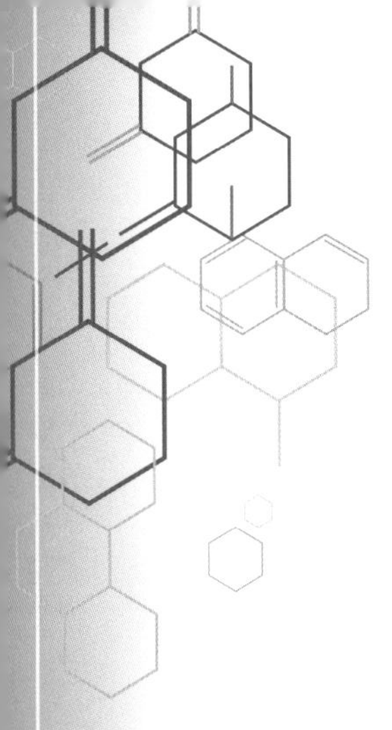

重要觀念建立 6-7

在 25℃下，某固定體積之密閉系統中的化學反應已達成平衡，其反應式為：

$N_2O_{4(g)}$（無色）＋熱 $\rightleftharpoons$ $2NO_{2(g)}$（紅棕色）則下列敘述何者正確？【96 基本學測二】

(A) 當系統溫度下降時，氣體顏色變深

(B) 當系統溫度下降時，反應向右進行

(C) 當系統溫度上升時，N_2O_4 分子數減少

(D) 當系統溫度上升時，氣體總分子數減少。

解析

答案：(C)

(A)、(B)當系統溫度下降時，$R_{正} < R_{逆}$，反應向左移動，氣體顏色變淺。

(C)、(D)當系統溫度上升時，$R_{正} > R_{逆}$，反應向右移動，每消耗一個N_2O_4分子，可生成2個NO_2分子，故氣體分子總數目增加。

(3) 壓力：

重要觀念建立：**四氧化二氮＋熱 $\rightleftharpoons$ 二氧化氮**

（無色）　　　（紅棕色）

反應式：$N_2O_{4(g)}$ ＋**熱** $\rightleftharpoons$ $2NO_{2(g)}$

氣體會因氣體分子間彼此碰撞或推擠產生壓力，及所謂氣壓。若碰撞、推擠愈劇烈，壓力愈大，反之壓力愈小。所以密閉容器中氣體分子愈

多，壓力愈大，反之壓力愈小；亦或儲存定量氣體的容器空間愈大，壓力愈小，反之壓力愈大。

由化學反應式$N_2O_{4(g)}$ + 熱 $\rightleftharpoons$ $2NO_{2(g)}$得知，反應向右，氣體分子數會增加；反應向左，則氣體分子數會減少。當此反應達平衡時，各物質存量不再變化，故顏色不再變化。此時對此平衡的密閉系統**加壓**及**減壓**，則平衡變動將如下表：

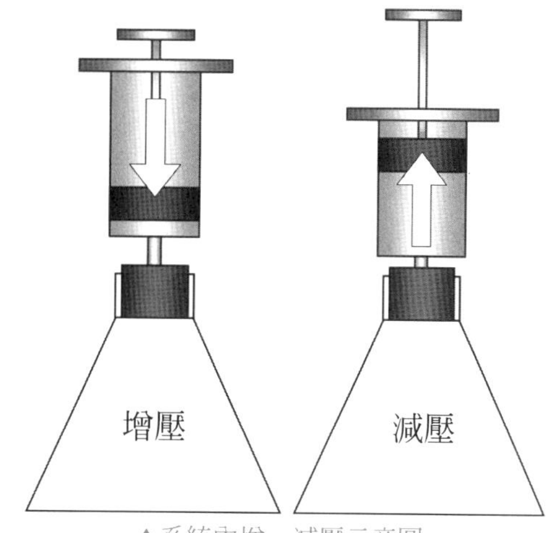

▲系統內增、減壓示意圖

	加壓	減壓
破壞平衡的因子	增加的壓力	減少的壓力
平衡移動方向	反應向左移動，減少氣體分子數，以降低壓力	反應向右移動，增加氣體分子數，以提升壓力
反應速率變化	$R_{逆}$增快，$R_{逆} > R_{正}$	$R_{逆}$減慢，$R_{正} > R_{逆}$
溶液顏色變化	氣體顏色變淺甚至無色	氣體顏色偏向紅棕色

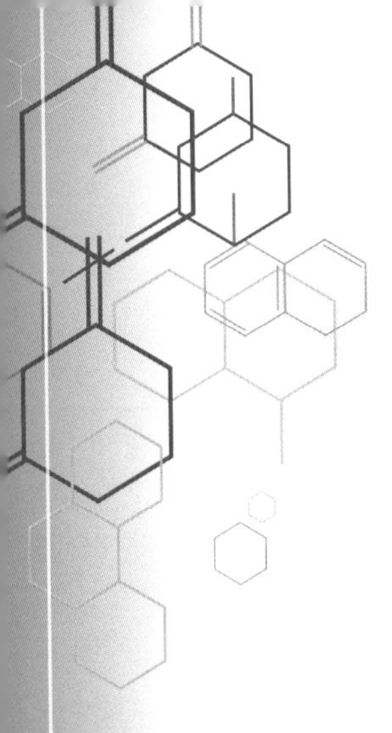

重要觀念建立 6-8

將大理石與稀鹽酸一同放置於錐形瓶中反應產生二氧化碳，瓶口以橡皮塞封口，其反應式爲：$CaCO_{3(s)} + 2HCl_{(aq)} \rightleftharpoons CaCl_{2(aq)} + H_2O_{(l)} + CO_{2(g)}$，試回答下列問題：

①在一剛開始反應時，$R_{正}$與$R_{逆}$的大小關係？反應是否能到達平衡？

②當反應達平衡時，此時將橡皮塞打開，請問平衡會向哪一方移動？

③承上題，若橡皮塞不蓋回，反應是否會再度達到平衡？

④若在此裝置上插入一隻空針筒，待整個系統達成平衡時，針筒活塞在針筒的一半處，此時用手將針筒活塞緩緩推入，試問此時平衡會向哪一方移動？

⑤承上題，此時用手將針筒活塞緩緩拉出，試問此時平衡會向哪一方移動？

解析

① 初期反應物存量≫生成物存量，以至$R_{正} \gg R_{逆}$，反應向右移動，CO_2的氣泡明顯且快速產出；一段時間後，因為反應物存量漸減、生成物產量漸增，使$R_{正}$↓、$R_{逆}$↑，讓瓶內反應達到化學平衡，氣體的產出不再明顯；而密閉環境內也因為CO_2氣體的增加，使壓力逐漸增大，但是因為達到平衡而讓內部的壓力不再變化。

② 若在此時打開瓶塞，會因為CO_2 氣體的逸散導致：

I. CO_2存量減小，使得$R_{正} > R_{逆}$，反應向右。

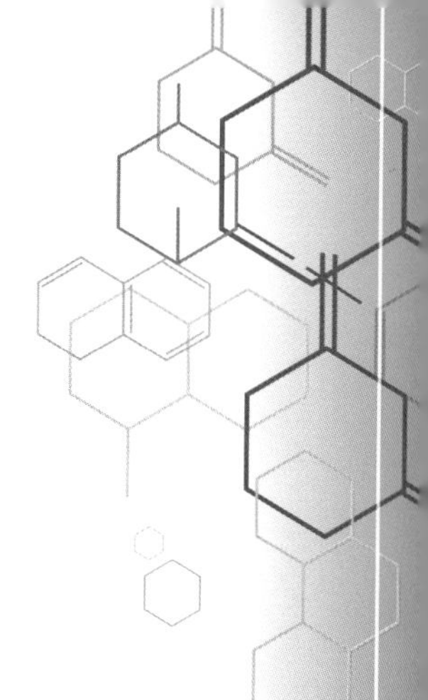

II.壓力減小，產出CO_2氣體回補壓力，反應向右。

③ 開放環境下，由於二氧化碳氣體將不斷逸散，$CaCl_2$、H_2O、CO_2等粒子無法發生碰撞進行逆反應，因此也難以察覺化學平衡現象，幾乎可視為單向反應。

④ 將推筒緩慢推入

→ 氣體體積減少，壓力增大。

→ 壓力變大破壞平衡。

→ 反應向左以降低氣體壓力。

⑤ 將推筒緩慢拉出

→ 氣體體積增加，壓力減小。

→ 壓力變小破壞平衡。

→ 反應向右以增加氣體壓力。

線上及時講堂：
過錳酸鉀 & 甘油

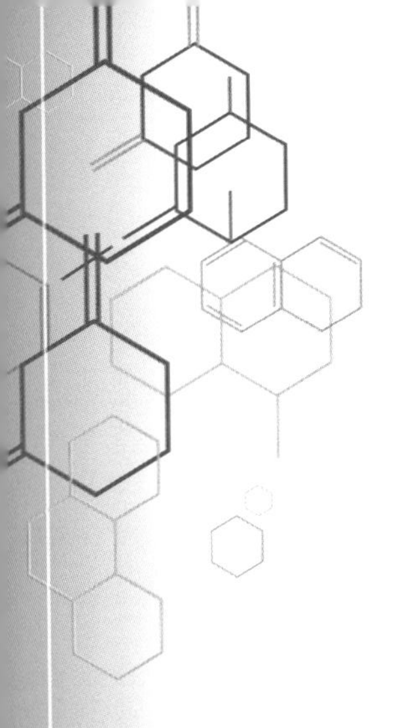

本章學習重點

1. 可逆反應的正反應速率和逆反應速率相同時，即達反應平衡，此時正、逆反應持續進行，為動態平衡。
2. 已平衡的反應，系統中溫度、壓力、反應物或生成物的存量…等都將維持不變，若任一項發生變化，則原有的平衡將被破壞。
3. 平衡常數K_c可幫助我們預測反應的有利方向，另外經由$K_c = \frac{[C]^c[D]^d}{[A]^a[B]^b}$的計算，可由已知反應物（或生成物）的量去預測未知生成物（或反應物）理論上的量。
4. 當化學平衡遭受破壞後，反應會開始向正反應或逆反應方向移動，移動的目的是會了消滅破壞平衡的因子。遭受破壞的化學平衡，將會再度達到新的平衡，只是屆時系統中溫度、壓力、反應物或生成物的存量……等都將與原來的平衡有所不同。
5. 密閉系統中的可逆反應，只會達到平衡，沒有所謂的終止；而單向反應只會達到終止，沒有所謂的平衡。

學習上易犯錯的地方與注意事項

1. 當可逆反應達平衡時，由於正、逆反應速率相同，以至反應物及生成物的量不再有所變動，看似停止，其實不論正、逆反應都仍在持續進行。

   如：$2CrO_4^{2-} + 2H^+ \rightleftarrows Cr_2O_7^{2-} + H_2O$反應達平衡時，黃色的$CrO_4^{2-}$仍不斷生成橘色的$Cr_2O_7^{2-}$，橘色的$Cr_2O_7^{2-}$也仍不斷生成黃色的$CrO_4^{2-}$，所以顏色不會完成變成橘色或是黃色，應該是兩色的混合色，由此證明正、逆反應都仍在持續進行。

2. 密閉系統是可逆反應發生的必要環境，若非密閉系統，原本可逆的反應也有可能成為單向反應。

   如：$CaCO_{3(s)} + 2HCl_{(aq)} \rightleftarrows CaCl_{2(aq)} + H_2O_{(l)} + CO_{2(g)}$，若此反應發生在開放系統中，則反應會不斷向右，直到$CaCO_3$或HCl其中一種物質反應完。

3. 反應達平衡時，$R_{正} = R_{逆}$，但k正不一定等於$k_{逆}$。

4. $K_p = \frac{P_C^c P_D^d}{P_A^a P_B^b}$使用時僅限氣體物質。

第七章 常見化學反應

本章導讀

自從之前因爲忘記冰綠豆湯而導致整鍋壞掉的經歷，阿昊開始對化學反應產生濃厚的興趣。天氣漸漸轉涼，濃濃的秋意不禁湧上心頭，看著泛紅的楓葉，凋零的花朵，阿昊心中想著：「莫非這一切也都是化學反應嗎？」。生活周遭，萬物都在不斷地改變，有的顯而易見，有的難以察覺，到底生活中存在著多少種的化學反應，這時候的阿昊已經耐不住性子，迫不及待地想要一探究竟。

化學反應就像是魔術師在表演一樣，會呈現出精彩萬分的各種變化，這章會帶著你們深入了解各種化學變化的精彩。

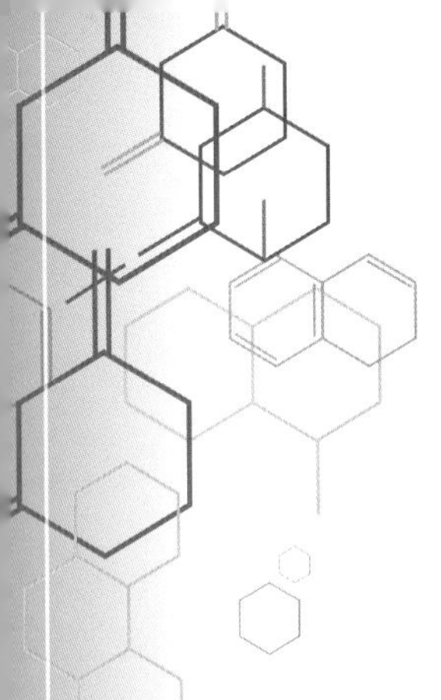

學習概念圖

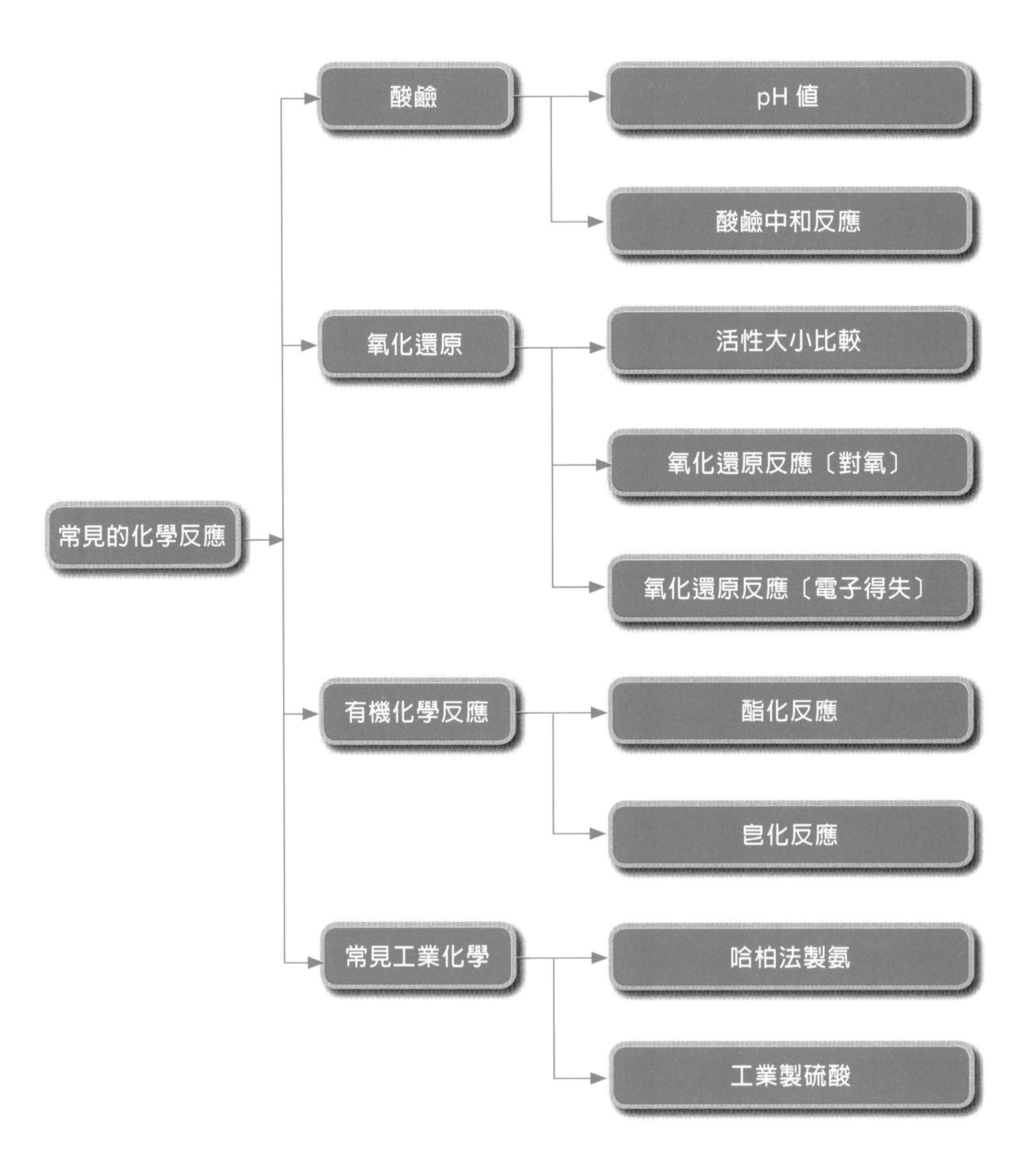
常見的化學反應
酸鹼
pH 值
酸鹼中和反應
氧化還原
活性大小比較
氧化還原反應〔對氧〕
氧化還原反應〔電子得失〕
有機化學反應
酯化反應
皂化反應
常見工業化學
哈柏法製氨
工業製硫酸

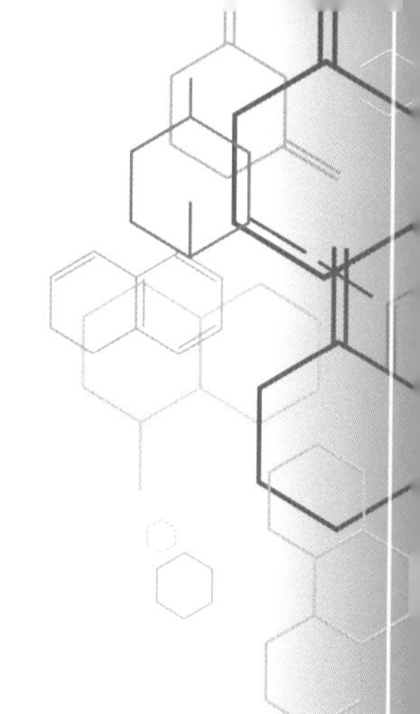

1 酸鹼中和反應與 pH 值

阿昊非常認眞地的查詢有關化學反應的資料，某日阿昊因爲廢寢忘食而導致胃痛，這時候他的好朋友阿爲見狀，便拿出一包蘇打餅乾跟阿昊說：「先吃點東西吧，這蘇打餅乾不僅充飢，還可以跟你的胃酸做酸鹼中和呢，會讓你舒服些喔！」阿昊感激地接過餅乾，邊吃邊問到：「阿爲，你剛剛說的酸鹼中和也是化學反應的一種嗎？」「是啊，」阿爲答道「酸鹼中和的反應在日常生活中也有不少例子呢，等你吃飽我們在一起研究。」

在生活中我們會遇到各種的酸性與鹼性的物質，食醋中的醋酸、飲料中的檸檬酸、人體腸胃裡的胃酸；早前的清潔劑草木灰（碳酸鉀：草鹼）、腸胃藥（氫氧化鋁、氫氧化鎂……）。這麼多的酸鹼藥品充斥在我們的日常之中，酸鹼中和當然也是不難發現的化學反應，如胃酸過多服用胃藥、被昆蟲螫傷使用弱鹼性的溶液塗抹可以減緩疼痛感……等。

根據阿瑞尼斯的定義：

在水溶液中解離，產生氫離子（H^+）的爲酸性物質。

在水溶液中解離，產生氫氧根離子（OH^-）的爲鹼性物質。

酸鹼中和的反應式：

酸性物質＋鹼性物質 → 鹽類＋水

【以氫氧化鈉與鹽酸舉例】

$$HCl_{(aq)} + NaOH_{(aq)} \rightarrow NaCl_{(aq)} + H_2O_{(l)}$$

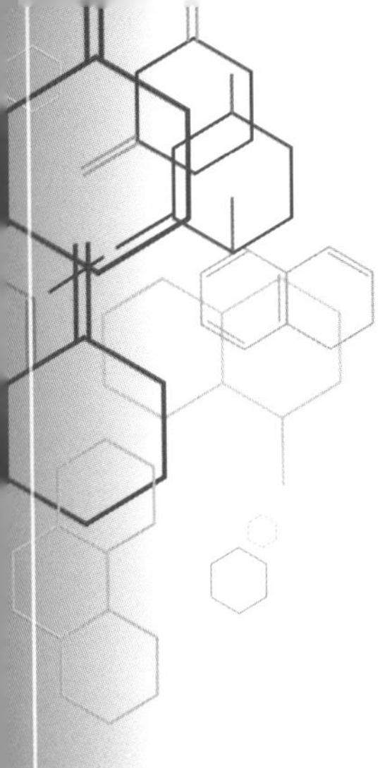

1909年，化學家索忍辛提出了一套用於表示溶液酸鹼性物質的標準。

$pH = -\log [H^+]$；$[H^+]$爲溶液中氫離子的體積莫耳濃度

舉個例子：

有一杯稀鹽酸，$[H^+]$爲10^{-4}M，pH爲多少？

SOL：

$pH = -\log [H^+] = -\log [10^{-4}]$

$pH = 4$

pH值愈低，溶液的酸性也就愈大，當然氫離子濃度也就愈大，相反的；pH值愈高，溶液的鹼性也就愈大，當然氫離子濃度也就愈小。

重要觀念建立 7-1

有甲、乙兩杯鹽酸溶液，甲溶液的 pH = 1，乙溶液的 pH = 2，則下列有關甲、乙兩溶液的敘述何者正確？

(A) 甲溶液的 $[H^+]$ 爲乙溶液的一半

(B) 甲溶液的 $[H^+]$ 爲乙溶液的 2 倍

(C) 甲溶液的 $[H^+]$ 爲乙溶液的 10 倍

(D) 甲溶液的 $[OH^-]$ 爲乙溶液的 2 倍。

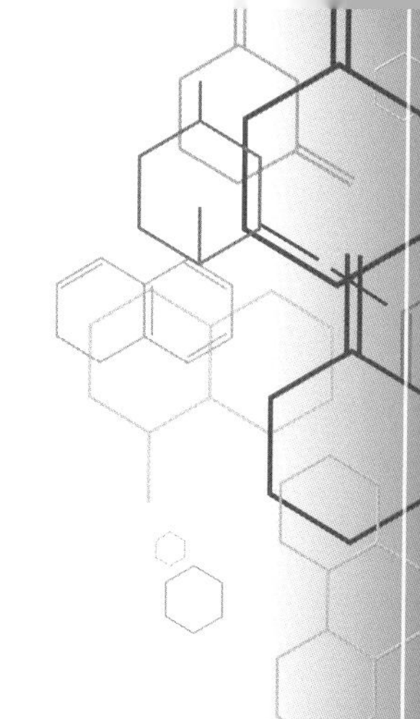

解析

答案：(C)

根據題目，他有給2個條件，而我們可以從這裡去破解題目

① 甲→pH值 = 1→推得$[H^+] = 10^{-1}M$

② 乙→pH值 = 2→推得$[H^+] = 10^{-2}M$

所以我們可以得到答案為(C)。

※(D)與(E)選項的補充

在25°C時任何水溶液的離子積常數（K_w） = $[OH^-][H^+] = 10^{-14}$

① 甲→$[H^+] = 10^{-1}M$→$[OH^-] = 10^{-13}M$

② 乙→$[H^+] = 10^{-2}M$→$[OH^-] = 10^{-12}M$

就$[OH^-]$，乙溶液為甲溶液的10倍。

重要觀念建立 7-2

下列哪些氧化物的水溶液爲酸性？

(A) Na_2O (B) NO_2 (C) P_4O_6 (D) SrO (E) Fe_2O_3。

解析

答案為：(B)(C)

解此題的概念，應該要記得

① 金屬氧化物溶於水 → 鹼性

② 非金屬氧化物溶於水 → 酸性

所以得解

(A) 氧化鈉（Na_2O）→ 鹼性

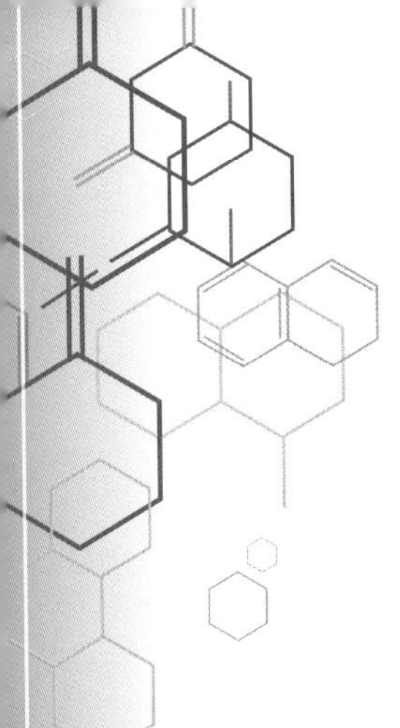

(B) 二氧化氮（NO_2）→ 酸性

(C) 三氧化二磷（P_4O_6）→ 酸性

※以前一直以為分子結構是P_2O_3，因此三氧化二磷的名稱就繼續使用

(D) 氧化鍶（SrO）→ 鹼性

※以前舊式電視的顯像管材料

(E) 氧化鐵（Fe_2O_3）→ 鹼性

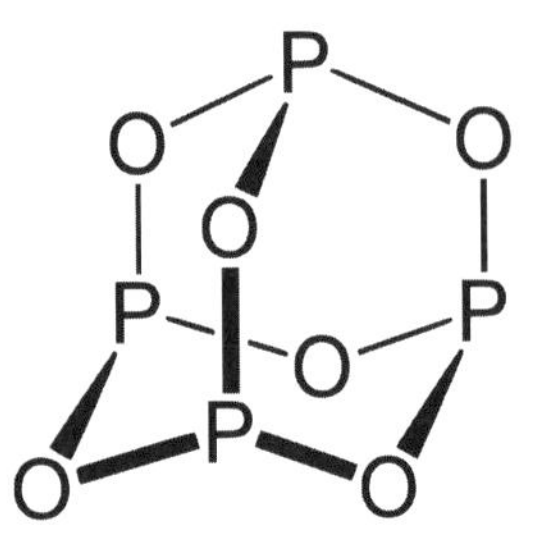

▲【三氧化二磷：有大蒜味的極毒晶體】

重要觀念建立 7-3

在 25 ℃時，有關 0.01 M HCl 水溶液之敘述何者正確？

(A) $[H^+] = 0.01$ M

(B) $[OH^-] = 10^{-12}$ M

(C) pH > pOH

(D) pH + pOH = 14

(E) $[H^+][OH^-] > 14$。

解析

答案為：(A)(B)(D)

0.01 M 的鹽酸相當於會解離出0.01 M的$[H^+]$，

所以$[H^+] = 10^{-2}$M

$[H^+] = 10^{-2}$M→$[OH^-] = 10^{-12}$M

pH = 2，pOH = 12

如例題一的補充：

$K_w = [OH^-][H^+] = 10^{-14}$M

▲家用鹽酸

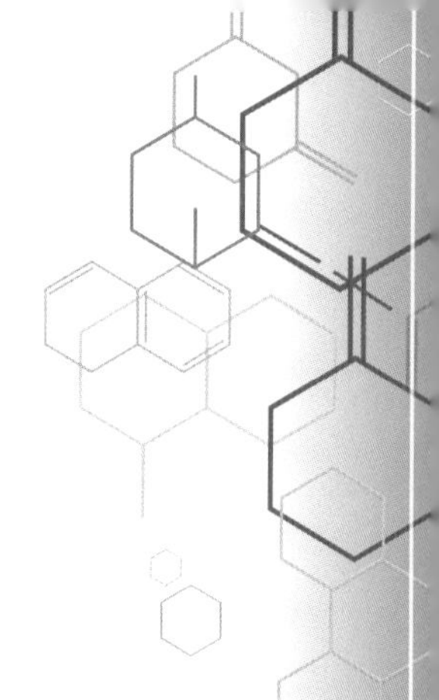

2 氧化還原

「阿爲，上次謝謝你的餅乾耶，這次換我請你吃新鮮現切水果吧！」阿昊端出一盤剛切好的蘋果擺在桌上，兩人邊吃邊聊最近研究化學反應的心得，約莫半小時過去，阿爲瞪大眼睛盯著桌上的這盤蘋果，對阿昊問到：「欸，阿昊，你確定這是新鮮現切的嗎？怎麼沒多久時間就有暗黃色的東西在蘋果表面啊？」阿昊看了看回道：「我這不僅新鮮，還絕對天然，保證不含任何化學物質呢，所以難免氧化後比較不好看嘛。」阿昊繼續說道「氧氣在生活周遭無所不在，所以氧化反應是很重要的化學反應，而物質不只會氧化反應，也會還原反應，合稱氧化還原，這也是我接下來想要研究的重點呢！」

1789年，法國人拉瓦節在實驗觀察燃燒水銀及加熱三仙丹（氧化汞），其產生的氣體命名爲氧氣，並提出氧化還原的觀念。

	早期	現在
氧化	元素與氧化合	放出電子
	$2Hg + O_2 \rightarrow 2HgO$	$Hg \rightarrow Hg^{2+} + 2e^-$
還原	還原成元素	得到電子
	$2HgO \rightarrow 2Hg + O_2$	$Hg^{2+} + 2e^- \rightarrow Hg$
氧化還原	$Zn + Cu^{2+} \rightarrow Cu + Zn^{2+}$	
	氧化半反應：$Zn \rightarrow Zn^{2+} + 2e^-$ 還原半反應：$Cu^{2+} + 2e^- \rightarrow Cu$	

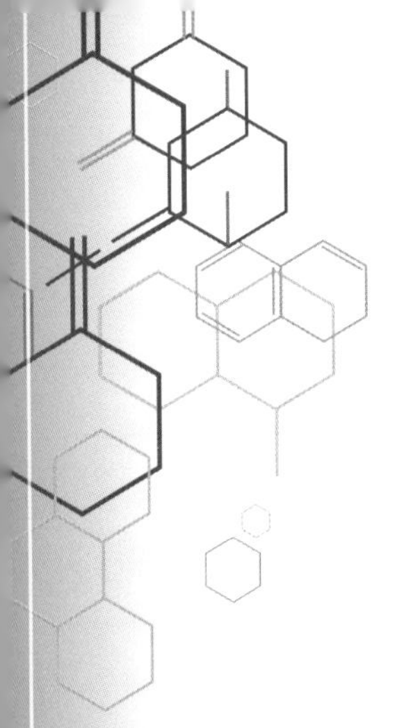

我們會把元素與氧反應程度，訂爲活性。各元素對氧的的活性大小如下：

K > Na > Ca > Mg > Al > C > Zn > Cr > Fe > Sn > Pb > H > Cu > Hg > Ag > Pt > Au

活性越大的元素，丟掉電子的能力越強，可當作強還原劑。

活性越小的元素，得到電子的能力越強，可當作強氧化劑。

例子：

$$Zn + Cu^{2+} \rightarrow Cu + Zn^{2+}$$

（強還原劑）（強氧化劑）（弱氧化劑）（弱還原劑）

日常生活中氧化劑與還原劑經常見，如下：

(1)常見氧化劑：雙氧水，漂白水，過錳酸鉀，二鉻酸鉀

(2)常見還原劑：氫氣，二氧化硫，一氧化碳

提醒：

【漂白水 + 鹽酸】

漂白水的主成分是次氯酸鈉（NaClO）

(1) $NaClO \rightarrow Na + ClO^{-}$　　次氯酸鈉溶於水會解離出次氯酸根

(2) $ClO^{-} + H^{+} \rightarrow HClO$　　次氯酸根與水中的氫離子合成次氯酸

(3) $HClO + HCl \rightarrow Cl_2 + H_2O$　　次氯酸與氯化氫反應產生氯氣

氯氣對於人體是有很大的危害甚至是有可能致命，而上述兩件物品也常在一般家庭出現，放置時需格外注意。

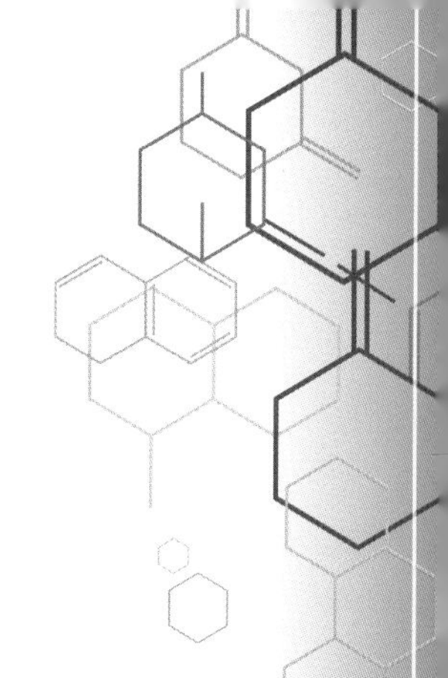

重要觀念建立 7-4

$Zn + Fe^{2+} \rightarrow Fe + Zn^{2+}$ 為自發反應，選出下列正確的敘述：

(A) Zn 被還原

(B) Fe 被氧化

(C) Fe^{2+} 當氧化劑

(D) Zn^{2+} 當還原劑。

答案：(C)

根據反應，我們很清楚的看到Zn被氧化，Fe^{2+}被還原。

所以我們可以得知Zn為還原劑，Fe^{2+}為氧化劑。

重要觀念建立 7-5

下列何反應不是氧化還原反應？

(A) $CaCO_{3(s)} + H_2SO_{4(aq)} \rightarrow CO_{2(g)} + CaSO_4 + H_2O$

(B) $2\ H_2O_{2(\ell)} \rightarrow 2\ H_2O_{(\ell)} + O_{2(g)}$

(C) $Fe_{(s)} + Cu^{2+}{}_{(aq)} \rightarrow Fe^{2+}{}_{(aq)} + Cu_{(s)}$

(D) $Cl_{2(g)} + 2\ Br^-{}_{(aq)} \rightarrow 2\ Cl^-{}_{(aq)} + Br_{2(\ell)}$。

解析

答案：(A)

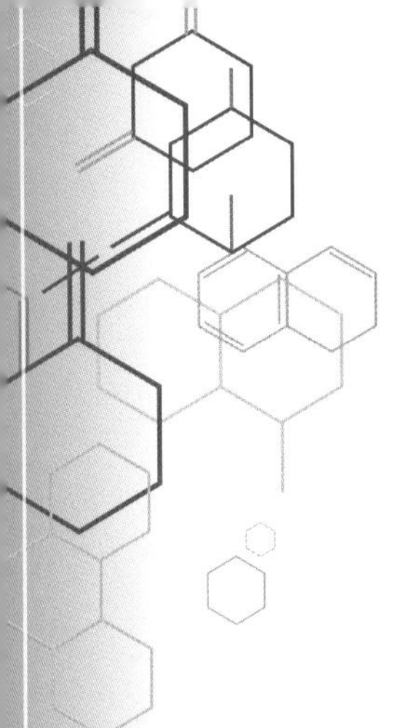

可以由反應前後氧化數有無改變得知此化學反應是否為氧化還原反應

(A) $CaCO_{3(s)} + H_2SO_{4(aq)} \rightarrow CO_{2(g)} + CaSO_4 + H_2O$

反應前後氧化數沒有改變

(B) $2H_2O_{2(l)} \rightarrow 2\ H_2O_{(l)} + O_{2(g)}$

反應前：O的氧化數－1，反應後：O的氧化數－2與0

(C) $Fe_{(s)} + Cu^{2+}{}_{(aq)} \rightarrow Fe^{2+}{}_{(aq)} + Cu_{(s)}$

反應前：Fe的氧化數0，Cu^{2+}的氧化數 + 2

反應後：Fe^{2+}的氧化數 + 2，Cu的氧化數0

(D) $Cl_{2(g)} + 2\ Br^{-}{}_{(aq)} \rightarrow 2\ Cl^{-}{}_{(aq)} + Br_{2(l)}$

反應前：Cl_2的氧化數0，Br^-的氧化數−1

反應後：Cl^-的氧化數−1，Br的氧化數0

線上即時講堂：

氧化還原之焰色

3 有機化學反應

「好餓啊！媽，晚餐可以吃了嗎？」阿昊的媽媽廚藝相當好，三兩下總能變出幾道好吃的料理滿足食量頗大的阿昊，於是剛放學回到家的阿昊便迫不及待地向媽媽討吃的，而阿昊的媽媽也不急不徐地說：「等我五分鐘阿。」說完便走進廚房，好奇的阿昊尾隨在後，只見媽媽在鍋內放了些菜、肉……等食材，一會兒倒點米酒、一會兒倒點黑醋，沒多久便香味四溢，阿昊一邊忍住口水，一邊跟媽媽問道：「媽，你這是什麼魔法呀，怎麼隨便攪和攪和就這麼香。」 媽媽笑道：「我這哪是隨便攪和呀，調配比例可講究的呢！」阿昊此時只想著趕快吃到媽媽煮好的料理，沒想到其實這也是一種化學反應喔，它其實是有機化學反應中的酯化反應。

【酯化反應】

通式：有機酸 + 醇類 → 酯類 + 水

A酸 + B醇 → A酸B酯 + 水

在這邊我們用典型的酯化反應舉個例子：

例：乙醇加乙酸（有機酸）生成乙酸乙酯加水

$$CH_3\overset{\overset{\displaystyle O}{\|}}{C}OH + CH_3CH_2OH \underset{\triangle}{\overset{H^+}{\rightleftharpoons}} CH_3\overset{\overset{\displaystyle O}{\|}}{C}OCH_2 + CH_3 + H_2O$$

※當在烹飪的時候，廚師會在煮食的過程中同時加入酒與醋，為了增加酯類本身具有的芳香氣味。

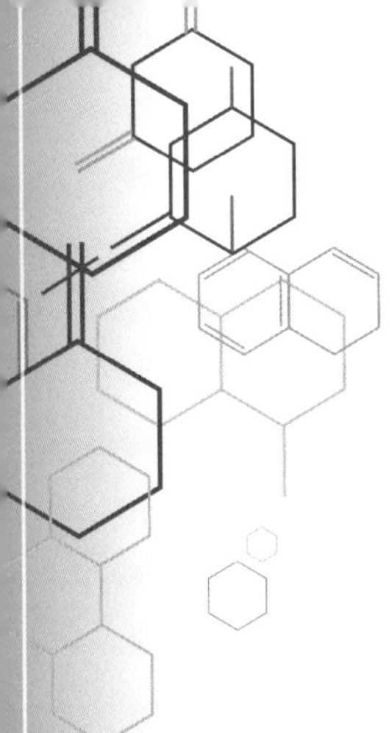

※爲了使酯化反應更徹底，我們以濃硫酸當催化劑參與其中。

補充：醇類與無機酸類也可以產生酯化反應，如甲醇和硫酸反應生成硫酸二甲酯。

【皀化反應】

酯類 + 鹼（NaOH）→ 皀（脂肪酸鈉）+ 甘油（丙三醇）

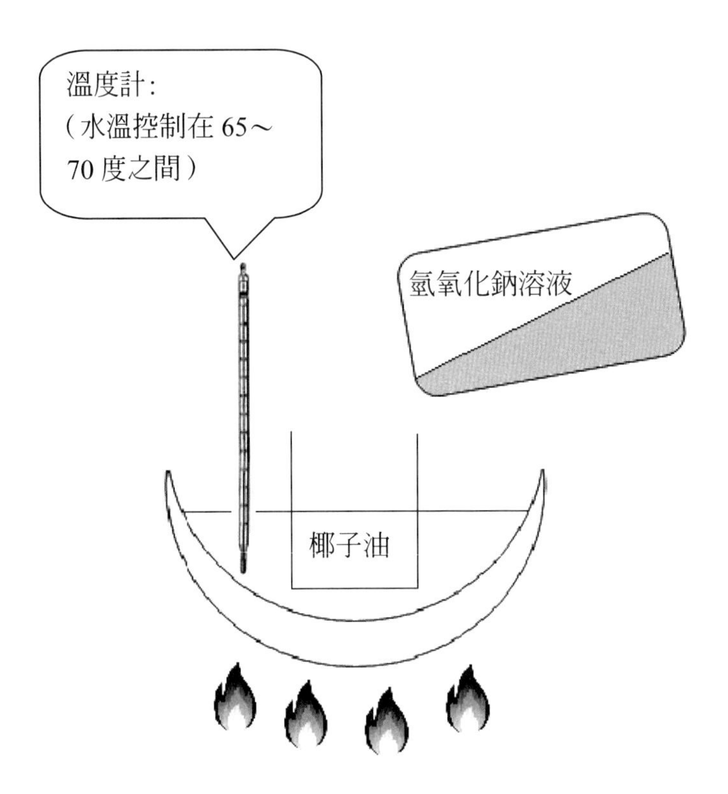

4 常見工業化學

【哈柏法製氨】

在早期硝酸的製作需要硝酸鈉當原料，但是因爲戰爭，所以原料的供應很不穩定，德國化學家弗里茨．哈柏（Fritz Haber）發明了新的製氨方法，不僅解決了原料的問題，成本也價低了不少。

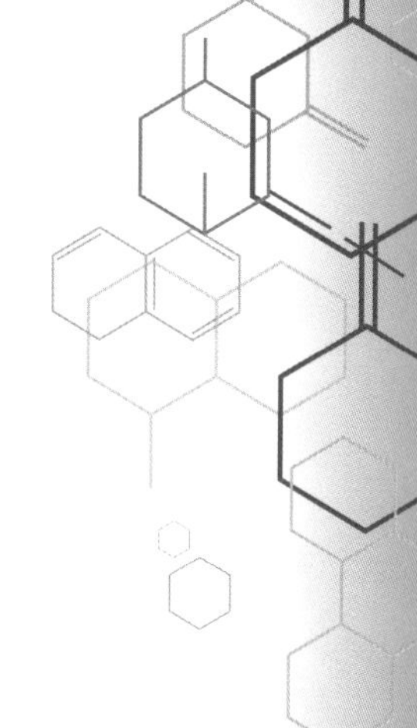

化學反應式：

$$N_{2(g)} + 3H_{2(g)} \rightarrow 2NH_{3(g)}$$

工業製法：

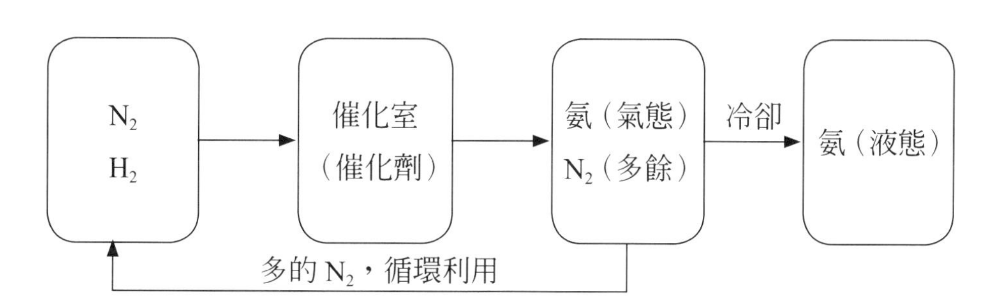

【工業製硫酸】

硫酸對於工業很必須的化學藥劑，對於世界的需求量，必須有穩定的產量，在早期是以黃鐵礦爲原料配成各種濃度硫酸的三氧化硫但成本過高，現今工業大部分是使用「接觸法」來製作硫酸。

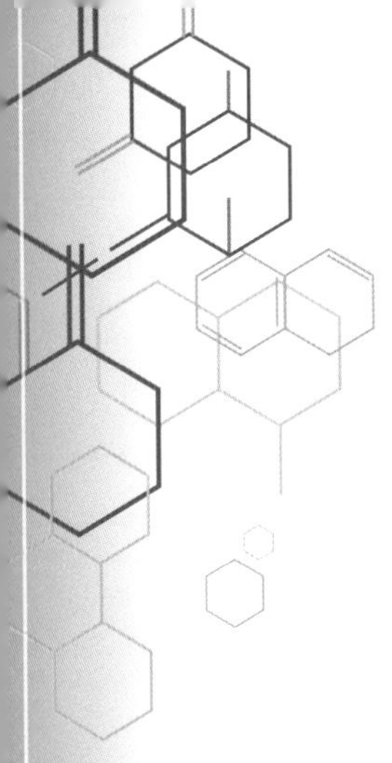

接觸法：

硫會被燃燒爲二氧化硫：

$$S_{(s)} + O_{2(g)} \rightarrow SO_{2(g)}$$
$$2\ SO_{2(g)} + O_{2(g)} \rightarrow 2\ SO_{3(g)}$$

三氧化硫會被製成97～98%的H_2SO_4並進一步成爲發煙硫酸（$H_2S_2O_7$），發煙硫酸然後被水稀釋成濃硫酸：

$$H_2SO_{4(l)} + SO_{3(g)} \rightarrow H_2S_2O_{7(l)}$$
$$H_2S_2O_{7(l)} + H_2O_{(l)} \rightarrow 2\ H_2SO_{4(l)}$$

三氧化硫並不會被直接打入水，因爲這高放熱反應會產生出具腐蝕性的氣溶膠而不是液體，氣溶膠很難被分離出來，故此方法並不有效：

$$SO_{3(g)} + H_2O_{(l)} \rightarrow H_2SO_{4(l)}$$

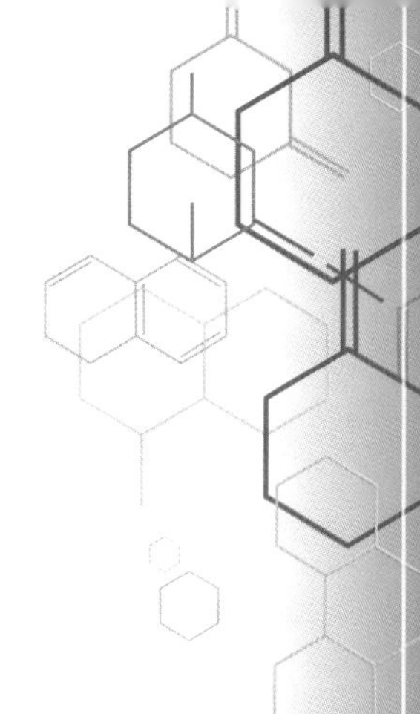

本章學習重點

1. 酸鹼定義有三種：

   (1) 阿瑞尼斯酸鹼：在水中解離H^+為酸，OH^-為鹼。

   (2) 布朗酸鹼：丟出H^+為酸，接收H^+為鹼。

   (3) 路易斯酸鹼：接受e-為酸，丟出e-為鹼。

2. 酸鹼值（pH值）$pH = -\log[H^+]$。
3. 酸鹼中和通式為「$H^+ + OH^- \rightarrow H_2O$」。
4. 氧化還原反應中，失去電子者即進行氧化反應，得到電子者即進行還原反應，兩者同時進行。
5. 「氧化數」是為了方便計算在氧化還原反應中，參與反應的原子所得到或失去的電子數。常見的例子：Na = +1、Cl = −1、鹼金屬必為+1、鹼土金屬必為+2。
6. 酯化反應與皂化反應為常見的有機反應。

吉爾伯特 · 路易斯（Gilbert Lewis）
在 1923 年，他發表了電子對的得失判斷酸鹼關係的理論，所謂「路易斯酸」是指擔任電子對接受者，而「路易斯鹼」本身具有至少一對未共用電子對，擔任電子對給與者。

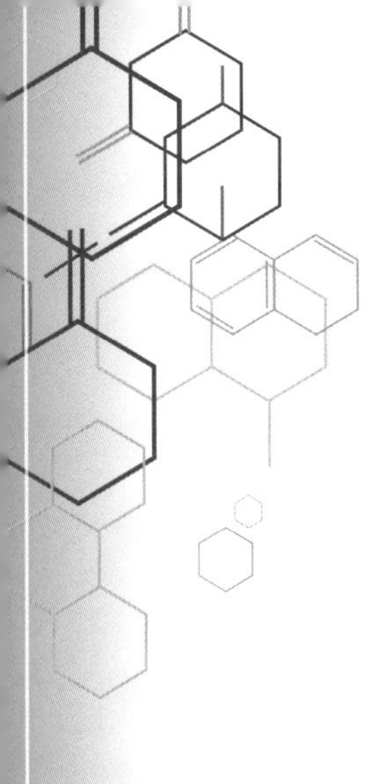

學習上易犯錯的地方與注意事項

1. $[H^+][OH^-] = 10^{-14}M^2$ 一般是指溫度25℃時，不是在任何清況下皆為此定值。
2. pH值、pOH值與$[H^+]$、$[OH^-]$的換算要小心，pH值多1少1相去甚遠。
3. 一般水果皆含某種酯類，所以聞起來都有一股水果香氣，但所謂酯類的芳香氣味，其實是很主觀的，如榴槤的酯類所散發出來的氣味，就不見得是每個人可以接受的。
4. 氧化還原反應並不是只看氧的得失，最正確的判斷方法應是看電子的得失，反應過程中失去電子的物質為氧化反應，而得到電子的物質則為還原反應。

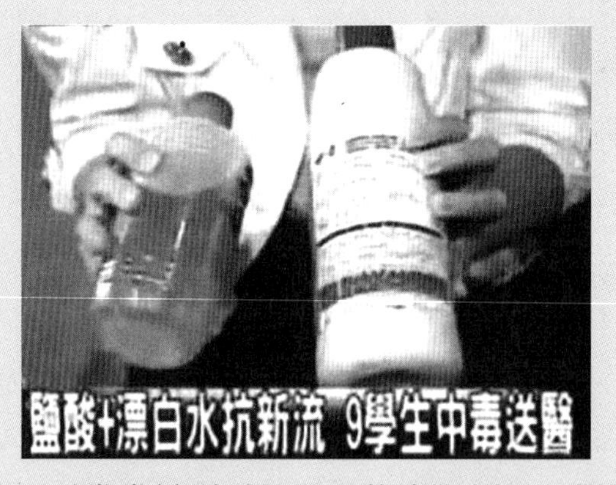

在生活中也可以常常見到這個單元的實際例子，例如用鹽酸清理小便斗，或是市場攤販利用鹼粉（氫氧化鈉）清洗油汙，還有鐵皮屋氧化鏽蝕的情形和避免把鹽酸和漂白水放在一起（不小心混在一起會產生淡綠色的有毒氯氣）。

編後語　老師，可以跟您握個手嗎？

上星期在W補習班高一化學班，學生B哥在下課時間過來向我說：「老師，我可以跟您握個手嗎？」

「握手？怎麼了？」我有點受寵若驚。

「因為下學期就改上物理了，而這學期的化學課只剩下兩堂，有點捨不得，所以想跟老師握個手。」B哥說得有點靦腆卻又情深意重的感覺。

「我手髒，不好意思跟你握手，但是……」我指著我沾滿粉筆灰的手感動地說道，「來！我們擁抱一下！」

「好哇！」

於是就在全班同學眾目睽睽之下B哥與我抱個滿懷。

B哥這位學生的程度很好，但有時上課的時候，他的思考模式會陷入到一個深淵而無法自拔，雖然會即時提出問題，只是他的問題常常讓人感覺相當無厘頭般地莫名，不但同班同學認為他的頭殼壞掉，聽同學說，許多老師根本不理會他的提問、甚至有時候還會怒斥他「無理取鬧」。所以，每當他在我課堂上提問題時，同學們總是譁然說「又來了」並發出噓聲，但我總是制止學生的躁動，並細心講解他的問題，儘管有幾次我也幾乎快失去耐心了，所幸每次都能順利解決。

這次他對我致意，讓我覺得對學生的耐心與愛心是相當值得的，畢竟他從高一開始才認識我、上我的課，才短短相處一個學期而已，就跟我感情如此深厚。想到現在高三課程即將結束，許多學生從國二開始就上我的課到高三，學生對我五年的支持力挺，在最後一堂課，我送他們每人一個隨身碟當紀念品，既實用又能幫助所有同學在學測能考高分！

最近因為要出新書，找了一些學生幫我寫推薦序，其中一位是L補習班的建中高一學生C同學，他在他的文章中寫道：

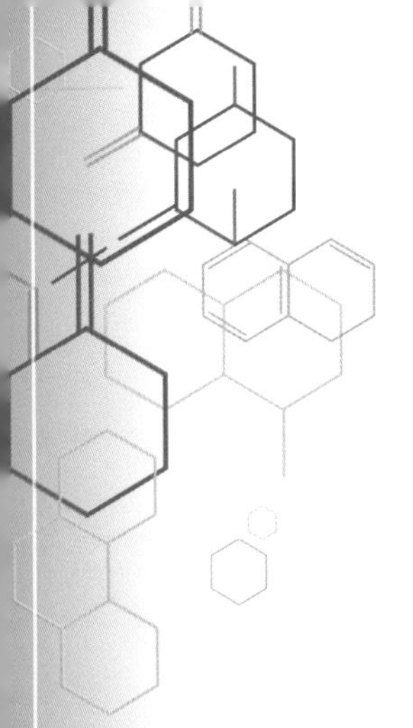

「……大為老師不像一般坊間的老師，不只會搞笑，而且言之有物，……此外，老師不但用心講課，且願意讓學生問到懂為止，從來沒有喊過累，……」這些在我看來，只是一位老師應該做的小事，但我沒想到在學生心裡面，會有如此深刻的印象，我想，這就是一位老師與學生間最良好的互動了，這也難怪前幾天補習班為了招生，藉著我這堂人數最多的課，騰出一點時間，讓新秀老師秀課，結果反遭致學生嗆聲：「不是陳大為上我們就不來了！」，害我有點小緊張出面緩頰說道：「我不會不上大家的課啦，只是你們也可以多學學其他老師的課呀！」

後來的高一化學最後一堂課，我下課洗完了手，全班128位同學主動一一跟我握手道別，互道一個學期後高二化學再見！各位讀者，有機會的話，我們就約定課堂上見！

陳大為

國家圖書館出版品預行編目資料

行動化學館.2：化學反應／陳大為
等著. -- 初版. -- 臺北市：五南,
2016.08
面； 公分
ISBN 978-957-11-8695-5（平裝）

1.化學 2.中等教育

524.36 105011787

ZC05

行動化學館2：化學反應

編　　繪 — 陳大為（271.8）　王昊　許威　王翰

發 行 人 — 楊榮川

總 編 輯 — 王翠華

主　　編 — 王正華

責任編輯 — 金明芬

封面設計 — 陳翰陞

出 版 者 — 五南圖書出版股份有限公司

地　　址：106台北市大安區和平東路二段339號4樓

電　　話：(02)2705-5066　　傳　　真：(02)2706-6100

網　　址：http://www.wunan.com.tw

電子郵件：wunan@wunan.com.tw

劃撥帳號：01068953

戶　　名：五南圖書出版股份有限公司

法律顧問：林勝安律師事務所　林勝安律師

出版日期：2016年8月初版一刷

定　　價：新臺幣300元